Tú tienes razón,
yo estoy equivocade
porque las relaciones sanas y amo-
rosas no ocurren por accidente

You're right, I'm wrong

Because a healthy partnership full of love does not come by chance

¿No tienes idea de cómo hacer feliz a tu pareja o te preguntas qué está pensando? No tengo idea de por qué se enojan tanto por esas pequeñas cosas, hasta el punto de que piensas, no hay forma de que alguna vez te haga feliz... así que, ¿por qué intentarlo?

Aquí hay una prueba rápida: cuando has hecho molestar a tu pareja y elle sale de la habitación y cierra la puerta del dormitorio, ¿qué haces?
A.   Darle su espacio para que se calme.
B.   Tocar la puerta y disculparte.

La respuesta es B. Tocar la puerta y disculparte. ¡Pero no habías hecho nada malo! ¿Por qué te disculpas cuando estás segure de que tienes razón? La respuesta es fácil: te estás disculpando por no estar en sintonía con tu pareja. Si no te disculpas, serás infeliz en tu propia casa. Discúlpate para que tú y tu pareja puedan empezar a hablar de nuevo. Entenderse de nuevo. Y seguir con una vida y una relación feliz. Este libro trata sobre cómo vivir una vida feliz y divertida.

Descubrirás tus cuatro necesidades para la felicidad. También aprenderás acerca de las cuatro necesidades de felicidad de tu pareja. Aprenderás cómo las relaciones van mal a través de cuatro errores, cuatro etapas por las que pasará tu pareja y cuatro lecciones que nunca te enseñaron. Y después de que tus ojos estén abiertos, estarás liste para 16 herramientas diarias para reparar cuatro pilares cruciales para una relación saludable.

Los consejos y la información de este libro pueden ayudar a les solteres a entablar nuevas relaciones de manera que mantengan felices a sus amigues. ¿No es hora de saltarse todos los juegos tontos que se interponen en el camino? Ya sea que sientas que una relación actual podría mejorar o estás comenzando de nuevo, este libro fue diseñado para corregir tu enfoque de las relaciones.

Tienes razón, estaba equivocado

Este libro trata sobre cómo tener una gran relación. Se necesita un enfoque único para tu relación. La primera parte comienza ayudándote a comprender cómo se deterioró tanto tu relación. Te permite dar un paso atrás y conectarte con similitudes en tu relación. El objetivo es ayudarte a comprender cómo has creado problemas sin saberlo para que puedas emprender el camino hacia la solución.

La segunda parte te ayuda a comprender por qué tu relación salió mal. Aquí es donde comienzas a ver qué causó las desconexiones. Comenzarás a ver tus acciones de una manera nueva, arrojando luz sobre cómo afectan a tu pareja. Una vez que comprendas el cómo y el por qué, estás a medio camino de arreglar tu relación.

La tercera parte es la más importante, porque se trata de restablecer la relación. Tiene un enfoque paso a paso para arreglar tu relación y dieciséis herramientas necesarias para hacerlo. Al leer el libro, comprenderás qué debe repararse en tu relación y, lo que es más importante, qué herramientas la solucionarán.

Una vez que hayas leído este libro, te recomiendo encarecidamente que lo descargues. Obtendrás dieciséis herramientas más, además de un capítulo adicional sobre problemas complejos. Esta es la clase magistral.

Este libro fue cuidadosamente escrito para aplicarse a todos los géneros y relaciones. Aparte de las imágenes, este libro no es específico para ningún género. Cuando leas el libro, verás el papel que desempeñas en el libro. Aprenderás acerca de los problemas diarios que afectan tu relación y que ni siquiera sabías que eran problemas. Más adelante en este libro, verás cómo todo se une y, lo que es más importante, cómo cada uno depende de le otrepara tener una relación saludable.

Dedicación y gratitud

Primero, al amor de mi vida que ha estado detrás de mí a través de mi viaje para completar este libro y hacerlo bien.

A mis amigues: quiero agradecerles por sus historias y experiencias que pude compartir: Jim Ferris, John Pattyson, Leon Johnny Harris, Ron Burkhardt, Michael Todd.

A la gran familia y amigues que dieron una perspectiva en el libro, ¡gracias! Joannie Fair, Casey Fisher, Rayne Hagstrom, Aaron Iannello, Donna Mc-Cann PsyD, David Pfeiffer, Eileen Ney.

Contenido

Sobre el autor   11

Sobre el artista   13

PARTE 1: CÓMO Y POR QUÉ TU RELACIÓN LLEGÓ HASTA AQUÍ   15

Capítulo 1: Hechos   17

Capítulo 2: Cuatro errores que cometemos con nuestra pareja   23
Error 1: Descuidar o ignorar a tu pareja   27
Error 2: Una actitud de derecho   33
Error 3: Decir una cosa y hacer otra   37
Error 4: Mentiras y secretos   43

Capítulo 3: Cuatro etapas que tu pareja atraviesa durante el
declive de su relación   47
Etapa 1: Ajustarse   53
Etapa 2: Volverse egoíste   55
Etapa 3: Falta de respeto   57
Etapa 4: Incompatibilidad   59

PARTE 2: LO BÁSICO PARA MANTENER A TU PAREJA FELIZ   61

Capítulo 4: Cuatro habilidades que nunca dominaste para tener
una relación feliz   63
Habilidad 1: Haz la pregunta   67
Habilidad 2: Tomar buenas decisiones   69
Habilidad 3: Compromiso   71
Habilidad 4: Comunicarse   73

Capítulo 5:Tus necesidades para ser feliz   75
Necesidad 1: Lo que ME GUSTA   79
Necesidad 2: Lo que no me gusta   83
Necesidad 3: En lo que soy pésime   87
Necesidad 4: Lo que odio   91

Capítulo 6: Las necesidades de tu pareja para ser feliz   95
Necesidad/Pilar 1: Equilibrio   99
Necesidad/Pilar 2: Igualdad   103
Necesidad/Pilar 3: Seguridad   107
Necesidad/Pilar 4: Confianza   111

PARTE 3: REINICIAR PARA RECUPERAR TU RELACIÓN   115
Capítulo 7: Herramientas diarias para el equilibrio de las relaciones   117
Equilibrio de amistades   119
Manejo de hábitos   125
Verificación de pasatiempos y deportes   131
Equilibra tu trabajo   137

Capítulo 8: Herramientas diarias para la igualdad en la relación de pareja   143
Reduce las discusiones   145
Unir creencias   151
Mostrar agradecimiento   157
Compartir responsabilidades   163

Capítulo 9: Herramientas diarias para la seguridad de la relación   169
Sentirse amade   171
Acabar con el estrés   177
Manejo del temperamento   183
Control del peso   189

Capítulo 10: Herramientas diarias para la confianza en la relación   195
Mantener los límites   197
Vivir el estilo de vida   203
Dejar de cuestionar   209
Cuidado con las mentiras piadosas   215

Solución definitiva: Tú tienes razón, yo estoy equivocade.   221

EXTRA   222
¿Listes para más?   224

Sobre el autor
Jeff Marinelli ...

Jeff Marinelli es un autor que tiene esperanza, es editor, filántropo, emprendedor y el mejor amigo de cualquiera que esté trabajando para construir una mejor asociación. Es el primero en decirte que no es psicólogo. Ha aprendido de su profunda experiencia en entornos personales y profesionales y ahora comparte esa información en Tú tienes razón, yo estoy equivocade.Como fundador/editor de Art and Living Magazine, Jeff ha conectado audiencias y creadores que enriquecen la vida desde 2005. Como fundador de Art and Living Charitable Foundation, Jeff acerca a los estudiantes a las artes a través de experiencias interesantes. Como socio de un director ejecutivo, Jeff ha vivido el alto estrés de la vida empresarial y ha demostrado que sabe cómo se puede poner a prueba una asociación y salir fortalecida.

12

Sobre el artista
Gonzalo Duran

Gonzalo Duran es un artista angelino con seguidores internacionales. Nacido en México, emigró a los Estados Unidos cuando era niño y creció en el este de Los Ángeles antes de asistir al Instituto de Arte Otis y a la Escuela de Arte Chouinard. Se le ha llamado el Marc Chagall de América del Norte y Central. Su paleta brillante, a veces sorprendente, complementa su imaginación ilimitada. Dirige Mosaic Tile House con su esposa, la artista Cheri Pann, desde su casa en Venice, California.

Gonzalo fue el artista perfecto para este libro porque vive lo que está escrito en este libro. Como él sabe, si su pareja es feliz, entonces él es feliz. Gonzalo cuenta la historia visual del libro a través de sus obras de arte, y sus obras son un regalo para el lector.

¿CÓMO SE PUSO TAN MAL?

PARTE 1:
CÓMO Y POR QUÉ TU
RELACIÓN LLEGÓ HASTA AQUÍ

HAGAMOS ESTO EN SERIO

Capítulo 1: Hechos

El trabajo de tu pareja no es hacerte feliz.
La felicidad es un trabajo interior.
Eres una gran pareja, ¿verdad? Por supuesto que lo eres. Entonces, ¿por qué necesitas este libro?

Seamos honestos. ¿Eres tan buena pareja como podrías ser? ¿O no tienes ni idea de qué es lo que hace feliz a tu pareja, en qué está pensando o por qué se enoja tanto por lo que a ti te parecen pequeñas cosas? ¿Esa vida de cuento de hadas con la que empezaste ahora se siente como un trabajo difícil, complicado, interminable e ingrato?

La realidad es que la mayoría de nosotres entramos en nuestras relaciones sin mucha idea de lo que hace feliz a nuestra pareja. Simplemente pensabamos que si trabajábamos duro para brindar una gran vida, ¿cómo podría ser infeliz mi pareja? Pero a veces parece que no hay forma de que tu pareja esté satisfecha, nunca.

En última instancia, la mayoría de las personas solo quieren ser felices juntas. Quieren creer en la compatibilidad y el compañerismo. Quieren divertirse sin complicaciones, trabajando y jugando duro.

Este libro trata sobre cómo conseguir esa gran vida con tu pareja sin todas las tonterías adicionales. Se trata de recordar cómo ser la persona de la que se enamoró tu pareja, para que tu pareja pueda experimentar ese sentimiento de nuevo.

Para hacer esto, primero debes comprender qué hace que una relación funcione. Este libro te guiará de manera segura a través de ese campo minado para que puedas tener una relación excelente en todas las mejores formas: fuertemente conectades, compartiendo con diversión y honestidad y, por supuesto, llenes de amor.

Este libro te ayudará a ser alguien que se merece una pareja que satisfaga tus necesidades y te facilite el deseo de satisfacer las suyas. Si has perdido este vínculo con tu pareja, entonces necesitas este libro. Si tu relación no está en un buen lugar o si sabes que podría estar mucho mejor, entonces necesitas este libro.

Todos los días con tu pareja, hay muchas partes móviles. La clave está en la forma en que se tratan. Tu relación funciona en días normales, pero ¿qué pasa con los días no normales o cuando surgen problemas inesperados?

Descubriremos los elementos críticos que hacen que tu pareja funcione, para que puedas reconocer las trampas y los puntos problemáticos. Cuando los ves, puedes responder con cuidado y amor en lugar de reaccionar con estrés. Este libro te guiará para tomar las decisiones correctas para resolver problemas y comunicarte de manera efectiva con tu pareja. Es complicado pero no imposible. Te mostraré el cómo y el por qué.

A menudo escucho a las parejas decir: "Oh, discutimos un poco aquí y allá, pero ¿qué parejas no lo hacen? ¿Cómo puede ayudarme este libro?" A medida que lo leas, lo entenderás.

La vida sin el amor de tu vida no es vida.

Recordando practicar lo que funciona

No soy psicólogo. Solo soy alguien que ha aprendido a través de la experiencia práctica de la vida durante muchos años cómo construir una relación sólida. Compartí este sencillo consejo con amigues que lo encontraron útil. Ahora lo comparto contigo.

Este libro es una lectura práctica y fácil con ejemplos cotidianos tomados de ejemplos de la vida real. Es un camino que cualquiera puede recorrer para volver a encarrilar una relación. Muchas de las experiencias descritas en este libro serán recordatorios de lo que ya sabes sobre lo que hace falta para ser una buena pareja, pero que has olvidado poner en práctica.

Es posible que hayas escuchado la siguiente historia contada por el antropólogue Loren Eiseley. Es una analogía perfecta de por qué escribí este libro: Una mañana temprano, un anciano caminaba por la orilla después de que pasó una gran tormenta y encontró la vasta playa llena de estrellas de mar que se extendían en ambas direcciones hasta donde alcanzaba la vista. A lo lejos, el anciano notó que se acercaba un niño pequeño. Mientras el niño caminaba por la playa, se detenía de vez en cuando, agachándose para recoger un objeto y arrojarlo al mar. Cuando el niño se acercó, el hombre gritó: "¡Buenos días! ¿Puedo preguntar qué es lo que estás haciendo?"

El joven miró hacia arriba y respondió: "Tirando estrellas de mar al océano. La marea las ha llevado a la playa y no pueden regresar al mar por sí mismas. Cuando el sol esté alto, morirán a menos que las arroje de nuevo al agua".

El anciano respondió: "Pero debe haber decenas de miles de estrellas de mar en esta playa. Me temo que no podrás hacer una gran diferencia".

El niño se inclinó, recogió otra estrella de mar y la arrojó lo más lejos que pudo al océano. Luego se volvió, sonrió y dijo: "¡Eso hizo una diferencia para ella!"

Tú tienes el poder

Tú tienes razón, yo estoy equivocade comienza con la idea de que tú tienes el poder de tomar la iniciativa en la reparación de una relación. Sí, una relación requiere de dos, pero el poder positivo de las acciones de una persona puede marcar la diferencia. Es demasiado fácil culpar a la otra persona de los problemas de relación. Es demasiado fácil sentarse y esperar a que cambien cuando tienes más poder del que crees para volver a encarrilar las cosas.

Comienza con la creencia de que tú eres la piedra angular de la relación. En mi propia vida, sigo el sabio adagio, "esposa feliz, vida feliz". Estoy casado con una mujer que ha sido CEO y ha vendido cuatro compañías. Ella es precisa sobre sus expectativas, tanto en el trabajo como en el hogar. He aprendido y dominado cómo asegurarme de que se satisfagan sus necesidades primero. Entonces, y solo entonces, podré concentrarme en mi trabajo, pasatiempos y este libro sin tener que preocuparme por problemas de pareja. Bromeo diciendo que mi trabajo en la vida es asegurarme de que mi esposa no esté estresada. Pero te aseguro que cuando ella no está estresada, yo tampoco.

Mientras lees esto, mantén la mente abierta. Concéntrate en lo que se relaciona contigo. Pon las ideas en práctica. Verás que tu relación cambiará para mejor.

Este libro no es solo para personas con relaciones establecidas. Puede ayudar a personas solteras a entablar nuevas relaciones de manera que mantengan felices a sus amigues. ¿No es hora de saltarse todos los juegos tontos que se interponen en el camino? Ya sea que sientas que una relación actual podría mejorar o estás comenzando de nuevo, este libro fue diseñado para corregir tu enfoque de las relaciones. ¿No te mereces una oportunidad de tener la mejor vida posible con tu pareja?

CUATRO ERRORES

DESCUIDAR O IGNORAR

SENTIRSE CON DERECHO

FALSAS EXPECTATIVAS

MENTIRAS Y SECRETOS

Capítulo 2:
Cuatro errores que cometemos
con nuestra pareja

Las relaciones no fallan debido a grandes discusiones. Mueren un poco cada día cuando no les prestamos atención. He identificado cuatro errores que, día a día, pueden parecer poco importantes, pero el daño a lo largo del tiempo puede acumularse y devastar una relación.

Aquí hay una descripción general de cada problema grave que ocurre antes de profundizar más:

1. Descuidar e ignorar a tu pareja
Esto sucede con más frecuencia de lo que la mayoría de la gente sabe o le gusta admitir. Descuidar a tu pareja comienza sutilmente hasta que se vuelve peligroso, olvidando casualmente que tu pareja necesita compañía, comunicación, intimidad, amor y tu presencia.

¿Cómo se ve? Trabajas largas jornadas y fines de semana y tu pareja te dice: "Salgamos a cenar", dices que estás agotado y que solo quieres relajarte. Entonces tu amigue llama y dice que tiene dos boletos para un juego. Le dices a tu pareja que necesitas relajarte, así que vas a ir al juego. Esto significa que estás descuidando la necesidad de tu pareja de estar contigo.

2. Sentirse superior
¿Sientes que tienes derecho a un trato especial o estás exento de determinadas responsabilidades? ¿Las reglas se aplican a todos menos a ti? Una actitud de privilegio puede ser una ventaja competitiva en algunos ámbitos, pero puede acabar con un fuerte vínculo con tu pareja.

¿Cómo se ve? Tu pareja compra los alimentos, prepara la cena, limpia los platos y te pide que saques la basura. Pero te olvidas. Tienes otras cosas que hacer. Estás ocupade (viendo televisión, saliendo a correr, hablando con amigues, revisando tus redes sociales). ¿No puede alguien más hacerlo? Ese es el derecho. ¿Puedes ver por qué esto es un problema real?

3. Establecer falsas expectativas

Establecer expectativas que luego no cumples solo puede hacer que tu pareja se sienta frustrada y olvidada. Es una forma de mentirte a ti misme acerca de lo que realmente estás dispueste a hacer o estar en la relación. Si constantemente eres poco confiable, ¿por qué debería tu pareja confiar en lo que dices?

¿Cómo se ve? Dices: "Estaré en casa en una hora" y apareces tres horas después. Ya sea que la excusa (y sabemos que tienes una) sea legítima o poco convincente, has establecido una expectativa y luego la has roto. O dices: "Pintaré la habitación de les niñes este fin de semana", y seis meses después las latas de pintura todavía están en el garaje. Esta no es una relación; te has convertido en un mal compañero de cuarto.

4. Decir mentiras y guardar secretos

Las mentiras piadosas y los pequeños secretos son veneno para las relaciones saludables. ¿Por qué son tan importantes con tu pareja? Porque tu pareja cree en ti. Deben ser los únicos con los que debes ser completamente honeste y compartir todo. Las mentiras y los secretos son un gran problema, porque abre esa brecha de duda que alimenta la sospecha y el miedo. ¿Cuántas otras mentiras o secretos has estado guardando? ¿Se están acumulando y conducen a una crisis? En el corazón de esta preocupación está el miedo de la pareja de que la persona que ama se haya convertido en alguien que ya ni siquiera conoce.

¿Cómo se ve? Un miembro de la familia sigue pidiéndote dinero y tu pareja y tú están de acuerdo en que no pueden permitirse darle dinero. Entonces recibes una llamada un día y es ese miembro de la familia al cual prometiste la última vez que no le darías dinero. No era mucho dinero, así que pensaste que no era la gran cosa, ¿verdad? No le dices nada a tu pareja. Pasan unas semanas, tu pareja se entera y se molesta tanto que dice que no puede confiar en ti.

Ahora, exploremos las verdaderas complejidades y el impacto de estos cuatro errores y cómo afectan tu relación. Esta es la montaña rusa de una relación, y verás por qué estos errores pueden causar caídas tan fuertes.

Error 1:
Descuidar o ignorar a tu pareja

Cuando una pareja se siente desatendida, y que sus necesidades no se satisfacen. ¿No sería genial si tu pareja siempre se sintiera apreciade y necesarie? Una pareja que siente que tu vida gira en torno a elle nunca se sentirá descuidade. En otras palabras, tu pareja se siente amade y apreciade, y eso demuestra cariño y apoyo.

Hay tantos problemas que surgen en la vida diaria: tratar con la familia, les amigues, la salud, los pasatiempos, los deportes, les niñes, el trabajo... Si se deja que solo uno se encargue, el tiempo y la atención que requieren esas actividades pueden dejar a la otra persona sintiéndose descuidade. Pero no te equivoques: ignorar a tu pareja proviene de las decisiones que tomas, ya sea que estés asumiendo demasiado o muy poco. El resultado final es que tu tiempo y tu atención no se comparte de manera equilibrada con tu pareja. ¿Parece que piensas que tu tiempo es más importante que el de tu pareja? Esta actitud marca la pauta para descuidar a tu pareja.

Recuerda: el descuido puede surgir en una relación, pero proviene de las decisiones que tomas todos los días. Si tomaste esas decisiones, es hora de volver a pensar.

¿CÓMO SE VE EL DESCUIDO?
En lo que respecta a la familia, ¿te pones del lado de tu familia sobre el de tu pareja en los desacuerdos? Cuando se trata de vacaciones y eventos, ¿presionas a tu pareja para que haga cosas que no quiere, para que pueda satisfacer a tu familia? ¿Estás a menudo en desacuerdo con tu pareja por cuestiones familiares y crees que tu pareja hace que todo sea más difícil de lo que debería ser? ¿Pasas más tiempo con tu familia que con tu pareja? Si lo haces, esto es descuidar a tu pareja.

¿Qué hay de les amigues? ¿Compartes más información sobre tu pareja de la necesaria con tus amigues? ¿Están tus amigues en tu casa más de lo que le gustaría a tu pareja? ¿Sientes que tus amigues son tu lugar ideal en momentos de necesidad? ¿Tu pareja te acusa de pasar demasiado tiempo con tus amigues? Si alguno de estos es el caso, esto es descuidar a tu pareja.

Cuando se trata de pasatiempos, videojuegos, fútbol fantasy y deportes, ¿te encuentras diciéndole a tu pareja: "Solo necesito un poco más de tiempo"? Es genial si a tu pareja también le gustan estas actividades, pero ¿qué pasa con una pareja que no? ¿Todo tu tiempo libre está vinculado a estas actividades? O el domingo por la mañana, ¿le llevas café o desayuno a tu pareja? ¿O eres la pareja que está frente al televisor viendo tu canal de deportes favorito repasando los puntajes de ayer y la programación de hoy? ¿Conoces todas las estadísticas de tus equipos favoritos pero olvidas el cumpleaños o aniversario de tu pareja? Si es así, esto es descuidar a tu pareja.

Si tienes hijes, ¿haces lo que te corresponde? Es sorprendente cuántas veces el mismo padre siempre deja a les niñes en la escuela. Uno pensaría que, en esta época, la prestación de cuidados es 50/50, ¡pero no! ¿Estás disponible para actividades después de la escuela, como recogerlos para practicar música, partidos de fútbol, competencias de natación y deberes? ¿Cómo calificas en estas actividades? ¿Estás presente o desaparecide en acción? Si asumes automáticamente que tu pareja lo tiene todo cubierto todo el tiempo, estás descuidando a tu pareja.

¿Te detienes por tu pareja y le hablas cuando necesita ayuda? Esto requiere que te tomes un tiempo de tu apretada agenda y pongas todo en espera para tu pareja. ¿Crees que estás demasiado ocupado y, a menos que tengan algo importante que decir, es una pérdida de tiempo? Si así es como te sientes, entonces estás descuidando a tu pareja.

Cuando se trata de trabajo, ¿trabajas demasiado? ¿Tienes problemas para establecer límites entre el trabajo y tu vida familiar? ¿Alguna vez ignoraste la cena de cumpleaños de tu pareja por motivos de trabajo? Esto es descuidar a tu pareja.

Cuando estás en casa con tu pareja, ¿elle solo obtiene la versión agotade? ¿Sientes que los fines de semana son tu tiempo libre para relajarte y tu pareja debería dejarte sole? Pregúntate si tu pareja solo recibe tu versión cansade. Si ese es el caso, tu pareja puede sentirse descuidada.

¿Tienes problemas como adicción o depresión, o sufres algún trauma en el pasado? Tienes días buenos y malos, y además de una semana de trabajo ocupada y la cantidad de horas que pasas en el fútbol fantsy o en tus pasatiempos, no te queda mucho tiempo de calidad para tu pareja. Si estás tan lleno de demandas de energía, terminas descuidando a tu pareja.

¿Encuentras que tu pareja está enojade todo el tiempo? Tal vez tu pareja no quiera meter el romance o la intimidad en tu apretada agenda como solía hacerlo. ¿Te sientes como si estuvieras siendo castigade y no puedes entender por qué? Si te preguntas qué le pasa a tu pareja, esto es descuidar a tu pareja.

Es fácil estar tan ocupade que terminas descuidando a tu pareja y ni siquiera te das cuenta. Si estuvieras prestando atención, habrías recibido las señales de que tu pareja se siente descuidade o ignorade en voz alta y clara. ¿Has escuchado, "por favor no traigas tu teléfono a la mesa" o "no lleves tu laptop a la cama" o "es hora de irse a la cama, apaga la televisión" o "por favor, ven a casa temprano esta noche? Es más fácil mantenerte distraíde y ocupade con otras cosas. Después de un tiempo, tu pareja simplemente dejará de preguntar.

Tengo que creer que la mayoría de las parejas son razonables y te dan mucha más libertad de la que quisieras admitir. Pero, francamente, la mayoría de las veces estás tan ocupade que no tienes ni idea de cuánto dejas caer la pelota, bloqueas las solicitudes de tu pareja y luego das excusas.

¿Alguna vez te has preguntado por qué tu pareja siempre parece enojarse tanto y luego se vuelve loque? Es porque ya ha tenido suficiente.

Solo cuando tu pareja se molesta mucho es cuando tú reduces la velocidad para tu pareja y le prestas atención. Una vez superada la crisis, vuelves a los mismos malos hábitos. Entonces, ¿qué tipo de pareja eres? ¿Eres una pareja active o pasive? ¿Satisfaces las necesidades emocionales de tu pareja y estás presente? ¿Con qué frecuencia llegas a casa del trabajo, te dejas caer en el sofá, enciendes la televisión y te desconectas? ¿O vienes a casa y te ocupas de lo que necesita tu pareja?

Es natural que tu pareja piense que estás loque por elle, que le ames, que pienses que es increíble y que le necesitas. Es la naturaleza humana. Tu pareja apostó toda su vida por ti. Tú fuiste su elección. Entonces, ¿cuidas a tu pareja de una manera que demuestre que tomaste la decisión correcta?

Si estos errores han estado ocurriendo durante mucho tiempo, entonces han desencadenado una o todas las cuatro etapas del declive de la relación. Aprenderás sobre estas etapas en el próximo capítulo. Estas etapas pueden cambiar a tu pareja de quien conociste por primera vez a una persona que ya no quiere ser tu pareja. Cuanto más descuides e ignores a tu pareja, más cambiará para proteger sus emociones. Por eso digo que estás en la raíz del problema. Una vez que hayas abierto los ojos, es hora de cambiar tus elecciones para hacer las cosas bien, o quizás te despiertes un día y ni siquiera reconozcas a la persona a la que llamas tu pareja.

ACTÚA: ESTÁ PRESENTE
¿Cómo reviertes el curso del descuido?

Empieza la mañana trayendo café a tu pareja. Mejora un mal día para tu pareja cuando llegues a casa saludándole en la puerta con una copa de vino o, mejor aún, con la cena lista. ¿Sabes por qué la gente ama a los perros? Porque cuando llegas a casa, suelen saludarte meneando la cola, felices de verte y a besos. ¿Entiendes mi punto? ¡Cuando estés en casa, besa a tu pareja y está presente!

Sin computadora , sin teléfono o mensajes de texto. Dile a tu pareja que le extrañas con más frecuencia. Pasa tiempo de calidad con tu pareja, ayúdale con los platos, crea una lista de cosas que hacer, ayuda a les niñes con sus deberes y haz que el tiempo juntos frente a la televisión suceda. Esto significa entregar el control remoto para ver lo que quieren ver. Acomódate y participa en una conversación cara a cara. Déjale hablar sobre su día, solo diez minutos al día para relajarse.

SOLUCIÓN: UNA RELACIÓN EQUILIBRADA
En tu vida, ambas partes asumen una responsabilidad compartida y tienen el privilegio de apoyarse mutuamente. Muchas personas han aprendido a trabajar en equipo en los negocios y esas habilidades se pueden aplicar en casa.

En una relación amorosa, el apoyo requiere soportar el peso emocional de la vida de tu pareja mientras te enfrentas a tu propio estrés. Lo hermoso es que una relación se establece para el éxito cuando el amor, el afecto y la comprensión son recíprocos. Con las conversaciones viene la conexión. A cambio, tu pareja mantiene la cordura, forma un vínculo más significativo contigo y, a cambio, trabaja para satisfacer tus necesidades. Cuando haces un esfuerzo, tu pareja sentirá tu apoyo. Eso es una relación. Se trata de dar y recibir, no solo de recibir. Compartir las presiones y celebraciones de tu pareja creará intimidad. Te acercará a vivir una vida equilibrada. Si eso significa que no puedes jugar fútbol fantasy debido a tu horario, o tienes que salir corriendo a las 7 de la mañana para conseguir leche para les niñes, o tienes que salir temprano del trabajo porque tu pareja te necesita, que así sea. El objetivo es crear una relación equilibrada.}

Error 2:
Una actitud de derecho

La definición de igualdad es el estado de ser igual, especialmente en estatus, derechos y oportunidades. Entonces la pregunta es: ¿Tienes un sentido de derecho en tu relación? Si ganas más dinero que tu pareja, ¿crees que te da derecho a un mejor trato del que le das? ¿Crees que trabajas más duro o necesitas más descansos que tu pareja? ¿Tiene que volver a casa a otro trabajo de tiempo completo, que es cuidar de ti?

Si tu pareja se encarga de todas las cosas maravillosas que amas y por las que trabajas duro, y tú no haces lo mismo, es probable que le estés dando por sentado. Pero, ¿quién te concedió un pase gratuito por cuidar por igual a tu pareja?

¿Pelear es lo normal en tu relación, sucediendo más de lo que cualquiera de les dos puede soportar? Si ese es el caso, debes detenerte y entender lo que está detrás de tantas discusiones. ¿Se trata de gastar demasiado dinero? ¿O nunca estás en casa? ¿O nunca ayudas el tiempo suficiente? La realidad es que necesitas mirar no solo tu horario de trabajo sino también el de tu pareja y ver si puedes encontrar un equilibrio. Si tu pareja está trabajando una semana larga, debes dedicarle más tiempo a las actividades del hogar. Si trabajas más horas, tu pareja debe hacer lo mismo. Si tu pareja está teniendo una semana mala y luego vuelve a casa a ayudar con las tareas del hogar o las actividades de la casa, si no lo haces, eso es sentirse superior y es un problema, y debe detenerse.

Si esta es tu situación y crees que a tu pareja le parece bien, tengo noticias para ti. Te estás engañando a ti mismo. Toda pareja tiene la necesidad de ser escuchade y respetade. No se trata de lo poderoso que eres o de cuánto dinero ganas. En casa, eres solo su pareja. Elle conocen tu verdadero yo. Hazlo bien y asegúrate de tener una relación equitativa.

¿Qué hay de justo en una situación en la que tu pareja trabaja tan duro como tú y, sin embargo, mantienes un control firme sobre esa tarjeta de derecho? ¿Dónde está la relación 50/50? Si no es una relación 50/50. Entonces hay una mala colaboración.

Es posible que sucedan decenas de cosas en tu cerebro al mismo tiempo. Puede ser trabajo, planes de fin de semana, fútbol, golf o presiones familiares. Estás tan ocupado que la única vez que tienes la oportunidad de ver las estadísticas de los jugadores es cuando estás en el baño. Llegas a casa del trabajo y todo lo que quieres hacer es relajarte. Te dejas caer frente al televisor, le pides a tu pareja que te traiga una cerveza y te sientes con derecho a tu tiempo libre sin siquiera darte cuenta de que existen. ¿En serio?

ACTÚA: SÉ JUSTE

La próxima vez que regreses a casa, convierte en un hábito que lo primero que debes hacer es encontrar a tu pareja, besarle y decirle algo agradable. Todos tenemos días buenos y días malos. Adquiere el hábito de prestar atención a cómo ha ido el día de tu pareja. Si crees que tuviste un mal día, deja que tu pareja se acueste en el sofá mientras tú te encargas de la cena y los platos.

Si quieres ser una buena pareja, toma el control total de todo: cocinar, limpiar, lavar la ropa y hacer las compras. Si no sabes cómo realizar estas tareas, entra a YouTube para averiguarlo. ¡Creo en ti! Me quedo estupefacto cuando la gente inteligente dice cosas como: "No sé cómo hacer funcionar un lavavajillas o una aspiradora", mientras afirman que saben mucho sobre todo lo demás. El dinero no es la clave del corazón de tu pareja. Contribuir y ayudar en la casa lo es.

SOLUCIÓN: UNA RELACIÓN EQUITATIVA

Debe ser una relación equitativa. La igualdad no significa que seas igual en todos los aspectos de la relación. No es posible. Tienes ciertas habilidades únicas y tu pareja tiene las de elle. Es una relación equitativa cuando reconoces esto y acuerdan quién hará qué en función de los conjuntos de habilidades individuales. El objetivo es unirnos.

Si tu pareja es excelente para las finanzas o los impuestos, entonces elle los hará. Si tú eres mejor para darte cuenta de los detalles de la casa, conviértelo en tu trabajo. Pero hazlo justo. Si tus trabajos tardan una hora y los de elle cinco, debes poner en marcha otras tareas para igualarlo.

Repasa todas las tareas de la casa, las finanzas, les niñes y todas las actividades necesarias para que ustedes dos vivan. Determina quién es mejor para las actividades en cuestión y sé juste. Dividan las tareas mutuamente según el tiempo. Asegúrate de que ambes estén de acuerdo. Divide las tareas según los conjuntos de habilidades y sigue el plan. Tú haces tus actividades y tu pareja las de elle. Si omites tus responsabilidades y esperas que tu pareja se encargue de todas las tareas, tu pareja tiene derecho a hacer una huelga doméstica. Es hora de dejar de tomar y dar más.

Si estás abrumade por el trabajo y estás tratando de incluir todos tus deportes y pasatiempos en tu horario loco durante los próximos meses, reduce algunas de estas actividades para que puedas dedicar tiempo a tu pareja. Una vez que el trabajo se ralentice, inicia tus pasatiempos y deportes siempre que haya tiempo reservado para tu pareja. Recuerda primero a tu pareja y todo lo demás después de eso. Porque si alguna vez pierdes tu trabajo, te pierdes un juego o tienes una mala noche de fiesta, tienes a tu pareja con quien volver a casa. Estarán ahí para ti, en los buenos y en los malos tiempos.

Error 3:
Decir una cosa y hacer otra

¿Con qué frecuencia dices que vas a hacer algo y no lo cumples? ¿Le dices a tu pareja que vas a hacer algo y luego lo olvidas? Como que vas a recoger a les niñes de la escuela y luego llamas para decirle que se te olvidó porque tu día se volvió muy loco y preguntas si pueden hacerlo. ¿Cómo debería sentirse tu pareja cuando le dices que vas a estar en casa para cenar, pero llegas tarde una y otra vez? Esto solo crea resentimiento y problemas de confianza.

¿Qué pasa cuando dijiste que te encargarías de algo y lo olvidaste? Lo dijiste en serio cuando lo dijiste, pero te dejas distraer por una razón que antepone tus necesidades al compromiso que acabas de hacer. ¿Crees que esto podría darle a tu pareja una falsa sensación de esperanza? ¿Cómo debería sentirse tu pareja? ¿Decepcionade? ¿Triste? ¿Enfadade? ¿U horrorizade? ¿Sientes que tu pareja te mintió, manipuló o traicionó? ¿Confía en todo lo que dices? Ayúdame en esto: ¿Cómo debería sentirse? ¿Cómo te sentirías?

Todas esas ocasiones en las que no lo cumples pueden hacer que tu pareja se sienta excluide. Cualquier cosa que estuvieras haciendo era mucho más importante que ser fiel a tu palabra. En las relaciones en las que uno de los padres es le cuidadore que se queda en casa, esto puede causar enojo o celos. Parece que todavía estás a cargo de tu tiempo, sales y sigues haciendo las cosas que te gusta hacer. Mientras tanto, ¿tu vida es quedarte en casa para asegurarte de que la familia funcione, con poco o ningún tiempo a solas, tiempo de diversión o tiempo con amigues?

Todo se reduce a esto: ¿tu pareja se siente segure en su relación? ¿Le das una razón para sentir que algo más está sucediendo en tu vida que es más importante que elle? Si tu pareja se siente desconectade, con el tiempo, podría cambiar a una pareja que ya no conoces. Esa pareja divertide, amorose y cariñose de la que te enamoraste habrá abandonado el edificio. El amor que sintió por ti habrá sido enterrado por la necesidad de protegerse de ser lastimade.

Este tipo de trato afecta mucho la autoimagen de la pareja. Una persona que no se siente amade puede simplemente dejarse llevar, mientras alimentas tu baja imagen de sí misme con tus comentarios de una sola línea sobre el peso o la apariencia o que nunca se cuida a sí misme. Es posible que se sienta mayor y no tan hermose como antes. Saber que estás en el trabajo con gente más joven y atractive, todos enérgiques y despiertoes, solo lo hace peor.

¿Crees que las falsas expectativas que le arrojas a tu pareja pueden afectar su salud emocional? En lugar de sentirse abatide, tu pareja necesita sentirse amade de nuevo con tu seguridad, aceptación y aliento. ¿Tu pareja ha llegado a la etapa en la que ya no se enoja porque sabe que no puede contar contigo? ¿Cree que es más fácil hacer una tarea o actividad elle misme y ni siquiera involucrarte?

Una consecuencia para una pareja que ha perdido la sensación de seguridad es que pueden aparecer problemas de salud como el aumento de peso, la depresión y una baja imagen de sí misma. Pierden la motivación para hacer ejercicio, salir a correr, tomar una clase de yoga o planificar de forma saludable comidas y cuidarse de otras formas.

La verdad es que cuando estás estresade y agotade, tu fuerza de voluntad mental se agota. Cuando tu fuerza de voluntad es fuerte, eres capaz de resistir ciertas cosas porque sabes que están mal. Pero cuando te falta fuerza de voluntad debido al agotamiento y el estrés, puedes comerte muchísimo de ese cheesecake y amarlo. Te odiarás a ti misme por la mañana, pero este es el verdadero problema. Cuando se acaba la fuerza de voluntad, no hay supervivientes. Solo te queda la necesidad de darte un capricho para llenar el vacío de la tristeza por completo, porque no tienes la fuerza para tomar las decisiones correctas.

ACTÚA: SÉ BUENE

Es tu trabajo reducir el estrés de tu pareja. Hacer compromisos y cumplirlos es un requisito básico. La próxima vez que le digas a tu pareja que va a limpiar el garaje, pintar la habitación de les niñes, terminar la terraza del patio o arreglar el auto , hazlo. Ponte los auriculares, escucha el juego y hazlo.

Piensa en todas las cosas en la vida que pueden tener algún tipo de estrés. Escucha lo que te dice tu pareja sobre lo que le causa estrés. No cuestiones su realidad. Tu trabajo es creerle y ponerte manos a la obra para asegurarte de que los niveles de estrés de tu pareja sean mínimos.

Mira, primero se trata de tener una pareja feliz. Luego, puedes salir a jugar al golf o pasar el rato con tus amigues. Es un cambio en las prioridades, pero si realizas estos cambios, habrá beneficios adicionales para la relación de los que no te quejarás.

Ahora recuerda, cuando digas que llegas a casa a una hora específica, está en casa a esa hora. Si tienes un conflicto de tiempo, tu única opción es hacer la vida fácil o difícil. ¿Por qué deberías ocuparte de más problemas de los necesarios? Es hora de que te quites las ruedas de entrenamiento, prestes atención a tu reloj y llegues a casa como prometiste.

SOLUCIÓN: UNA RELACIÓN SEGURA

Si mantienes un historial limpio, como prometiste, tendrás una pareja feliz. Crearás una pareja fuerte y segure. Esto te dará la libertad de hacer lo que quieras hacer sin preocuparte por las consecuencias cuando regreses a casa.

Piensa en todo lo bueno que puedes hacer al completar tu lista de cosas que hacer. Piensa en el tiempo que pasas haciendo el trabajo como si estuvieras poniendo dinero en el banco. Estás ganando buena voluntad y cuanto más realices operaciones bancarias, más se te devolverá una pareja agradecide. Si tu banco de buena voluntad está vacío y quieres despegar, tendrás una pareja moleste. Pero si tienes buena voluntad en el banco, diviértete.

He escuchado a gente quejarse de que no tiene sentido terminar esa lista de cosas que hacer porque tu pareja seguirá agregando más. Eso no es cierto. Por lo general, tu pareja seguirá quejándose de las mismas tareas sin completar una y otra vez. Piensa en la lista de cosas por hacer como un post-it en la frente de tu pareja. Hasta que se complete esa tarea, el pos-it todavía estará allí y es molesto hasta que se quite. Cuando completes la tarea, desaparecerá. Puedes referirte a los recordatorios de tu pareja como fastidiosos. Si dices que nunca podrás hacer feliz a tu pareja, es falso.

Oh, una nota al margen, es posible que estés completando las tareas de tu pareja, pero recuerda que también es tu casa. Cuando completes las tareas, ahora también podrás disfrutar de tu hermosa casa.

Lo sorprendente es que se necesita más energía para pensar y elaborar estrategias sobre cómo salir del trabajo de lo que realmente se necesita para hacerlo. En otras palabras, convierte en un hábito dejar de hacer lo que estés haciendo cuando tu pareja necesite tu ayuda; nunca digas "en un minuto". Solo levántate y hazlo de inmediato. Cuando termines, vuelve a lo que estabas haciendo. Si desarrollas el hábito de simplemente hacer la tarea solicitada de inmediato, tu pareja no solo estará feliz, sino que también podrás hacer lo que quieres hacer. Solo cuando se satisfagan las necesidades básicas de tu pareja, se podrán satisfacer tus necesidades básicas.

**El consejo "si no preguntan, no digas"
no es una opción en una relación.**

42

Error 4:
Mentiras y secretos

Hay dos tipos de mentiras: mentiras piadosas y mentiras serias. Las mentiras piadosas son comunes, generalmente se dicen para mantenernos alejados de un pequeño problema o incluso para hacer que alguien se sienta bien. Las mentiras piadosas a veces se denominan como fibbing en inglés. Como decir que estuviste atascade en el tráfico, cuando en realidad te despertaste tarde. Una mentira seria es cuando le dices a tu pareja que estabas en el trabajo cuando en realidad saliste a beber con tu ex-novia.

Las mentiras o los secretos serios que alteran la vida son los más difíciles para ser honeste, porque temes que tu pareja se vaya. Me refiero a cosas que pueden arruinar vidas, como las adicciones o vivir una doble vida. No importa le buene que creas que eres para ocultarlo, tu pareja se enterará. Esto se debe a que cuando algo en tu personalidad o hábitos cambia, envía una señal de alerta que hace que una pareja sienta que algo está mal.

La privacidad está estrechamente ligada a la noción de secreto. ¿Tienes problemas para establecer límites con amigues y familiares? ¿Compartes información privada sobre tu relación (ya sea buena o mala) y crees que está bien? ¿Les cuentas a tus amigues sobre tu vida sexual con tu pareja? Necesitas tener reglas con tu pareja sobre lo que tu pareja se siente cómoda con lo que puedes o no puedes compartir y cómo lo compartes. Eso incluye publicar imágenes o información en las redes sociales.

¿Tienes un estilo de vida diferente al de tu pareja? ¿Te gusta salir a bares, socializar con amigues y familiares? ¿Los harias todo el tiempo si pudieras? ¿Te gusta contar historias sobre tu vida y ser abierto sobre todo, mientras que a tu pareja le gusta tener mantener las cosas entre ustedes dos?

¿Inflas demasiado tus logros? ¿Todo en tus historias es un poco más grande y brillante que en la vida real? Cuando esa exageración se convierte en un hábito, puede convertirse en una forma de mentira que hace que tu pareja se pregunte sobre qué más no estás siendo sincero.

¿Te quedas en el teléfono enviando mensajes de texto en la mesa del comedor o en la cama? ¿Tus buenas noches son un beso o te saltas el beso para poder enviar ese último mensaje? ¿Esa conversación que tienes con les "amigues" de las redes sociales o el seguimiento de esos "me gusta" está rompiendo la intimidad que deberías proteger por tu pareja?

Aquí es donde se deben establecer reglas, límites y estrategias. Estos deben ser acordados y respetados para que la relación funcione. Si se rompen las reglas, también se rompe la confianza. Una de las cosas más locas de las que debes darte cuenta es que puedes estar con tu pareja para siempre (o eso parece), pero eso no significa que lo reconocerás automáticamente. Nunca descubrirás qué es lo que le motiva sin pasar tiempo de calidad y estar comprometido con elle.

¿Te sientes como si estuvieras luchando constantemente por el amor de tu pareja? A menos que te estés comunicando con tu pareja, es posible que no sepas que algunas reacciones provienen de un trauma pasado. Este es el tipo de secreto que una persona guarda por pura necesidad de sobrevivir. Si alguien ha sido abusado cuando era niñe, es posible que haya enterrado profundamente ese problema. Incluso puede ser un secreto para elles. Si el problema nunca se resolvió, es posible que esté pagando el precio sin saberlo.

ACTÚA: COMPROMÉTETE

Comprende que si tu pareja te atrapa con una mentira piadosa, una mentira o una verdad exagerada puede ser mucho más serio de lo que crees. Hace cuestionar tu integridad y credibilidad y más importante aún, la confianza. Se basa en que tu pareja piense en la gran mentira si pudieras mentir sobre una pequeña cosa. No decir toda la verdad puede convertirse en una ruptura total de la confianza. Tu pareja espera y siempre querrá creer que eres la pareja en la que puede confiar y con la que puede contar. Que te mientan no solo destruirá la pureza de la relación, sino que también puede destruir la relación. ¿Puedes admitir que te equivocaste, disculparte y pedir perdón cuando cometes un error?

SOLUCIÓN: UNA RELACIÓN DE CONFIANZA

Las mentiras piadosas son el camino para guardar secretos y decir mentiras aún mayores. Es por eso que a veces una pareja reacciona de manera tan extrema y tú piensas que simplemente reaccionó de forma exagerada. No puede creer que pensabas que podrías salirte con la tuya. Tu pareja pasa mucho tiempo convirtiéndose en experte en conocerte. Entonces, cuando mientes, tu pareja puede sentirlo. Puede que no quieran creerlo o abordarlo, pero lo saben.

Una vez que se rompe la confianza inocente, es como intentar volver a poner pétalos en una rosa. Es posible que puedas pegarlos, pero esa flor nunca volverá a ser la misma.

Cuantas más dudas tenga tu pareja, más necesitará rastrearte e interrogarte. Ahora necesita saber tu paradero para revisar tu teléfono o tus correos electrónicos. Cuando desencadenas la necesidad fundamental de confianza de tu pareja por una razón u otra, recuerda que es culpa tuya que no puedan confiar en ti.

Si cambias y te comprometes, hay una manera rápida de recuperar algo de la confianza de tu pareja de vuelta. Se trata de ser un libro abierto, y lo leerás en el Capítulo 6. Haz que tu pareja se sienta segure. Hazle saber dónde te encuentras en todo momento y dale acceso a tu teléfono y contraseñas. Comprende que tomará mucho trabajo y tiempo, a veces años, y que has perdido tus derechos a esa libertad que alguna vez tuviste en la relación. Puede parecer difícil, ¡pero la honestidad te hará libre!

Capítulo 3:
Cuatro etapas que tu pareja atraviesa durante el declive de su relación

Mira hacia adentro antes de señalar con el dedo.

Has aprendido los errores que desvían una relación. Puedes hacer que tu relación se salga de control cuando descuidas o ignoras a tu pareja, estableces falsas expectativas, te sientes con derecho o dices mentiras y guardas secretos. Con el tiempo, si alguno de estos errores se convierte en malos hábitos, obligarás a tu pareja a protegerse cada vez más de ser lastimade y decepcionade.

Para que tu pareja mantenga la cordura, debe protegerse. Es una autoprotección que se activa cuando tu pareja siente que no hay salida. Aquí hay dos formas de pensarlo:

La primera metáfora es accionar el interruptor. Los padres dominan encender el interruptor con les niñes. Cuando son exigentes o gritan, los padres aprenden a accionar el interruptor (o se vuelven loques). Al accionar el interruptor, encuentras una manera de ignorar la locura para que puedas mantener la cordura.

La segunda metáfora es la pared de ladrillos. Cada vez que se rompe una promesa, tu pareja protege su decepción agregando un ladrillo a su pared. Cuantos más ladrillos haya en la pared, menos pueden lastimarse por las expectativas fallidas.

Has visto a tu pareja accionar el interruptor para desconectarse de tus tonterías. Cuando hay tantas cosas que se han descuidado en la casa, o cuando te quejas constantemente de no poder pasar suficiente tiempo con tus amigues o de no tener suficiente tiempo para jugar.

Cuando dices que vas a hacer algo y no lo haces, tu pareja agrega un ladrillo a su pared. Cuanto más alto es el muro, menos cuenta contigo para que hagas lo que dices que vas a hacer. Si estás prestando atención, ese momento de decepción o frustración en el rostro de tu pareja es cuando se levanta un ladrillo.

Ahora puedo responder a tu pregunta: si tu pareja es tan miserable contigo, ¿por qué se quedaría? Primero, apagaron su interruptor para mantener la cordura. En segundo lugar, se sienten protegides detrás de sus muros.

Cuando una relación está estresada y sobrecargada con problemas de la vida real, puede provocar peleas y desconexiones en la relación. Cuando esto se prolonga en el tiempo es cuando tu felicidad y tener una vida feliz se convierten en un problema. Cuando la relación es excelente, los malos hábitos generalmente se pueden tolerar. Cuando la relación se interrumpe, cualquier mal hábito comenzará a molestar a tu pareja de manera exponencial. Cuando tu pareja está detrás de ti todo el tiempo, ¿comienzas a sentirte controlade? ¿Casi como si hubieras perdido la libertad de hacer lo que quieres? En ese momento, la relación se grava hasta donde tu pareja se siente fuera de control.

La buena noticia es que tu pareja quiere creer que no cometió un error al elegirte. Se aferra a la esperanza de que la relación pueda reavivarse.

Debes mantener la relación de muchas maneras, como mantienes el tanque de gasolina en tu vehículo. Cuando llenes el tanque, piensa en la sensación de satisfacción que obtienes cuando te subes al asiento de le conductore. Miras el indicador de combustible para ver que la aguja se desplaza perfectamente sobre la "F", lo que indica que estás liste para comenzar. ¿Qué pasa después? Llenar tu tanque ya no es una preocupación. Puedes concentrarte en ocuparte de asuntos más urgentes ¿cierto? Sin embargo, después de lo que parece poco tiempo, finalmente miras hacia abajo para ver que estás peligrosamente cerca de llegar a la "E". Olvidaste ser consciente de algo que estaba sucediendo frente a tu cara todos los días. ¿Cuál es tu reacción casi todas las veces? Sacudes la cabeza y preguntas: "¡¿Qué diablos pasó con toda la gasolina?!" ¿Te suena familiar?

Apliquemos esa misma metáfora a una relación. Como un tanque de gasolina, una relación tiene sus momentos en los que, como pareja, pones un esfuerzo total en hacer feliz a tu pareja. Sin embargo, al igual que el tanque de gasolina vacío, ¿solo estás haciendo ese esfuerzo cuando sientes que el tanque está en "E"? ¿Simplemente esperas a que pasen esas fechas importantes del calendario para las parejas a la misma hora todos los años antes de mostrar amor y afecto reales a tu pareja? Cumpleaños, Navidad, aniversarios... se dan por sentado a la hora de prestar atención, pero ¿qué esfuerzo haces para demostrarle a tu pareja que es especial cualquier otro día del año?

Pero espera, no pongas todo tu esfuerzo en cosas predecibles como comprar regalos. Si estás pensando, "Está bien, ahora estoy bien hasta el próximo", no has entendido el punto. ¿Qué? ¿Desde cuándo un calendario dicta únicamente cuándo se supone que debes invertir en la felicidad de tu pareja?

¿Qué pasaría si tuvieras el hábito de llenar el tanque de gasolina cada vez que vieras que estaba medio lleno? Siempre tendrás suficiente combustible para hacer las cosas que necesitas y tu automóvil nunca se quedará sin combustible. De manera similar, ¿qué pasaría si llenaras el "tanque" de tu relación de manera constante? ¿Por qué no esparcir esos pequeños gestos de amor y afecto aquí y allá en tu relación cada semana? Demonios, ¿por qué no hacerlo todos los días?

El simple hecho de ser consciente de esa relación diaria puede hacer que reacciones en consecuencia. ¿Cómo se ve eso? ¿Abrazas y besas a tu pareja cuando te despiertas? ¿O le preparas café por la mañana y le dices cuánto le amas? Cuando tu pareja llegue a casa, ten la cena lista o saluda a tu pareja en la puerta con una copa de vino después de un largo día. Consigue una niñere para les niñes y sal con tu pareja. No olvides abrirle la puerta.

Recuerda, no es necesario que cada gesto sea una gran exhibición. Simplemente debes mostrarle a tu pareja que estás pensando en elle y en su felicidad. Son las pequeñas cosas las que cuentan.

Lo sé, lo sé. Tienes un millón de cosas sucediendo y, a veces, dejas que tu relación pase por alto.. Muchas circunstancias no son culpa de nadie. La vida pasa. Pero se convierte en tu culpa cuando lo dejas ir demasiado lejos y descuidas que tu relación vuelva a estar en la cima de tu lista de prioridades. Así es como mantienes LLENO EL TANQUE DEL AMOR. Cuando estás seguro de que tu relación está en un buen lugar, todas esas obligaciones externas se vuelven mucho menos estresantes.

Si la relación ha alcanzado un mínimo histórico, pero aún la quieres, hay formas de cambiarlo. Empieza por ti mismoe. Mira hacia adentro antes de señalar con el dedo. ¡No puedes permitir que tu relación se vuelva incompatible!

Es parte de la naturaleza humana comenzar a tomar decisiones sobre qué tan comprometido estás con tu pareja. Cuando tu pareja se siente desconectade, este es el comienzo de una relación que cambia para peor. Es un modo de supervivencia automático y es tan simple como que tu pareja restablezca sus expectativas. Ese reinicio desencadena las cuatro etapas por las que pasará tu pareja para sobrevivir a tu relación, incluso cuando declina.

Etapa 1. Ajustarse
Etapa 2. Volverse egoísta
Etapa 3. Falta de Respeto
Etapa 4. Incompatibilidad

**Se encuentra una relación perfecta
entre dos personas imperfectas que se
niegan a darse por vencides.**

ADAPTACIÓN

Etapa 1:
Ajustarse

La etapa de ajuste es cuando tu pareja no puede contar con tu ayuda. Entonces, modifica sus expectativas y comienza a ocuparse de las cosas. Un problema NO deteriorará una relación, pero si se convierte en un patrón, estas cosas menores comienzan a convertirse en una bola de nieve y se convierten en problemas más importantes.

Los incendios forestales no ocurren de la nada; siempre hay una chispa que los hace iniciar. Una vez que la chispa se enciende, se puede propagar rápidamente. Es la reaparición constante de ese fuego en tu vida lo que da inicio a estas discusiones, lo que obliga a tu pareja a hacer ajustes en la relación. Es imprescindible ser diligente en atender las solicitudes de tu pareja para las pequeñas cosas. Smokey the Bear lo dijo mejor: "Solo tú puedes prevenir los incendios forestales". Y si has caído en patrones de malos hábitos en las relaciones, solo tú puedes evitar que tu relación se esfume.

Otra forma de ajuste es excluirte. Tu pareja puede apagar (el oído, la vista y el deseo de romance) con solo presionar el interruptor. Tu pareja tiene esta herramienta. Si tienes hijes, probablemente tu pareja ya lo haya perfeccionado. Es un mecanismo de enfriamiento que evita que exploten.

El interruptor puede ser un mecanismo de supervivencia, pero se parece mucho a una manipulación. Cuando tu pareja está lastimade, ya sea a sabiendas o sin saberlo, atacan, generalmente porque sienten la necesidad de defenderse. Si tu pareja está moleste, entonces no habrá intimidad, así de simple. Simplemente se desconectará de ti emocional y físicamente.

54

Etapa 2:
Volverse egoíste

La etapa de volverse egoíste también se puede llamar la "Etapa de todos por sí mismos". Tu amor está luchando tratando de corregir los problemas al intentar hacerse con el control. La pregunta cortés ahora se convierte en una demanda con consecuencias predeterminadas, incluso ultimátums. Es la etapa en la que empiezas a pensar, nunca podré hacerte feliz.

Conoces estos golpes. "No tenemos tiempo para ir a la casa de tu familia este Día de Acción de Gracias, así que solo irás a la mía". Las represalias se instalan y comienzan a meterse debajo de la piel. Es una forma de hacerte comprender verdaderamente las consecuencias de tu comportamiento.

Se siente como si tu pareja se estuviera volviendo loque y no puedes entender por qué. Viene hacia ti con una hostilidad sutil (o no tan sutil). Intentas satisfacer las necesidades de tu pareja, pero o te ataca con demasiadas cosas o simplemente se desconecta y no necesita tu ayuda, punto. Ya no hay forma de complacerle y sientes que tu pareja es injuste e irrazonable. Tu rutina diaria se convierte en tratar de adivinar con quién te vas a despertar a continuación: ¿Hulk o Bannister? ¿Glinda le bruje buene o su hermane malvade?

¿Qué haces ahora? Reaccionando a tu pareja, comienzas a comprobar cosas mental y físicamente. Ahora tú y tu pareja se han desconectado. Es una táctica de supervivencia. Desconectarse, mientras se aísla, se convierte en el menor de dos males en comparación con las agotadoras y constantes disputas. Cuando la comunicación se interrumpe por completo, se produce un daño real a largo plazo.

FALTA DE RESPETO

Etapa 3:
Falta de respeto

La etapa de falta de respeto es terrible. Es fea. Las discusiones se vuelven irrespetuosas cuando se ponen los ojos en blanco, se insulta y se grita. En esta etapa, fíjate en lo que dices, porque cada palabra quedará grabada. Se ha activado el botón de reproducción. Este lugar de ira puede sacar lo peor de ti.

¿Alguna vez tu pareja manejó una situación con familiares o amigues en la que los ridiculizaste por su comportamiento y estalló la Tercera Guerra Mundial y dijiste cosas hirientes de las que no puedes retractarte? Una vez que se inyectan palabras irrespetuosas en la relación, el agujero del que debes salir se vuelve muy profundo.

En esta etapa, comienzas a cuestionar la relación y puedes considerar escenarios de salida hipotéticos. Una vez que el respeto mutuo en una pareja comienza a romperse, esa ruptura da paso a hábitos sexuales fuera de los límites de tu pareja, como miradas errantes, coqueteo, etc. Esas cosas "inofensivas" que técnicamente no son infidelidad, pero no son cosas que te gustaría que tu pareja te descubriera haciendo.

Una ruptura total del respeto mutuo a menudo coincide con una actitud de "no me importa". Una vez que dejas de preocuparte, en lugar de abordar los problemas de la relación a medida que ocurren, los problemas comienzan a acumularse.

Pero no está en tu naturaleza sentirte como une fracasade. No puedes fallar. Harás todo lo que puedas para recuperar el control, especialmente cuando comiences a sentir que las cosas podrían estar fuera de control. Esto comienza a ocurrir cuando se cruzan las expectativas y los límites, y cualquiera de las partes puede tener la culpa.

Incluso en esta etapa, con tanto daño como el que has creado, si comienzas a reconocer dónde te equivocaste y lo afrontas, puedes cambiar las cosas. Solo necesitas herramientas en tu caja de herramientas.

Etapa 4:
Incompatibilidad

Una vez que has alcanzado la etapa de incompatibilidad, ha llegado a un punto en el que las cosas se ven y se sienten sombrías. Es el punto en el que no puedes ponerte de acuerdo en nada y comienzas a cuestionar si esta persona es TU alma gemela. Aquí es donde el respeto mutuo en la relación se ha roto por completo y ha estado ausente por un tiempo. Es difícil regresar de la incompatibilidad, pero con la esperanza y ambas partes deseando resolverlo, es posible reparar la relación. Este es un lugar peligroso donde es posible que escuches que "el amor no es suficiente".

Es cuando has empezado a disfrutar de cosas como bebidas con un ex, relaciones en línea o incluso una aventura. Es una escalada del proceso de salida. Te ahogas en el trabajo, los pasatiempos o los deportes. Esencialmente, haces todo lo que puedas para evitar a tu pareja y todas las discusiones posteriores. Quedarte hasta tarde en la oficina o hacer viajes de negocios para alejarte de tu pareja te convierte en no más que un mal compañere de cuarto.

Aun así, no le dejarás ir y no te detendrás hasta que estés en un extremo. Tu pareja puede gritar y llorar y suplicarte que cambies, pero tú te niegas a escucharle. Es solo cuando tu pareja finalmente se cansa y te echa, terminando la relación, que la mayoría vuelve a llorar. Solo entonces finalmente decides cambiar porque de repente te das cuenta de que no puedes vivir sin elle.

Estar constantemente presente y consciente en tu relación demuestra respeto y solidifica la compatibilidad en relación. Recuerda, no es tu culpa que no estuvieras al tanto de estas etapas, pero ahora lo estás. Es tu culpa si no te ajustas en consecuencia.

CONCEPTOS BÁSICOS DE LAS RELACIONES

PARTE 2:
LO BÁSICO PARA MANTENER A TU PAREJA FELIZ

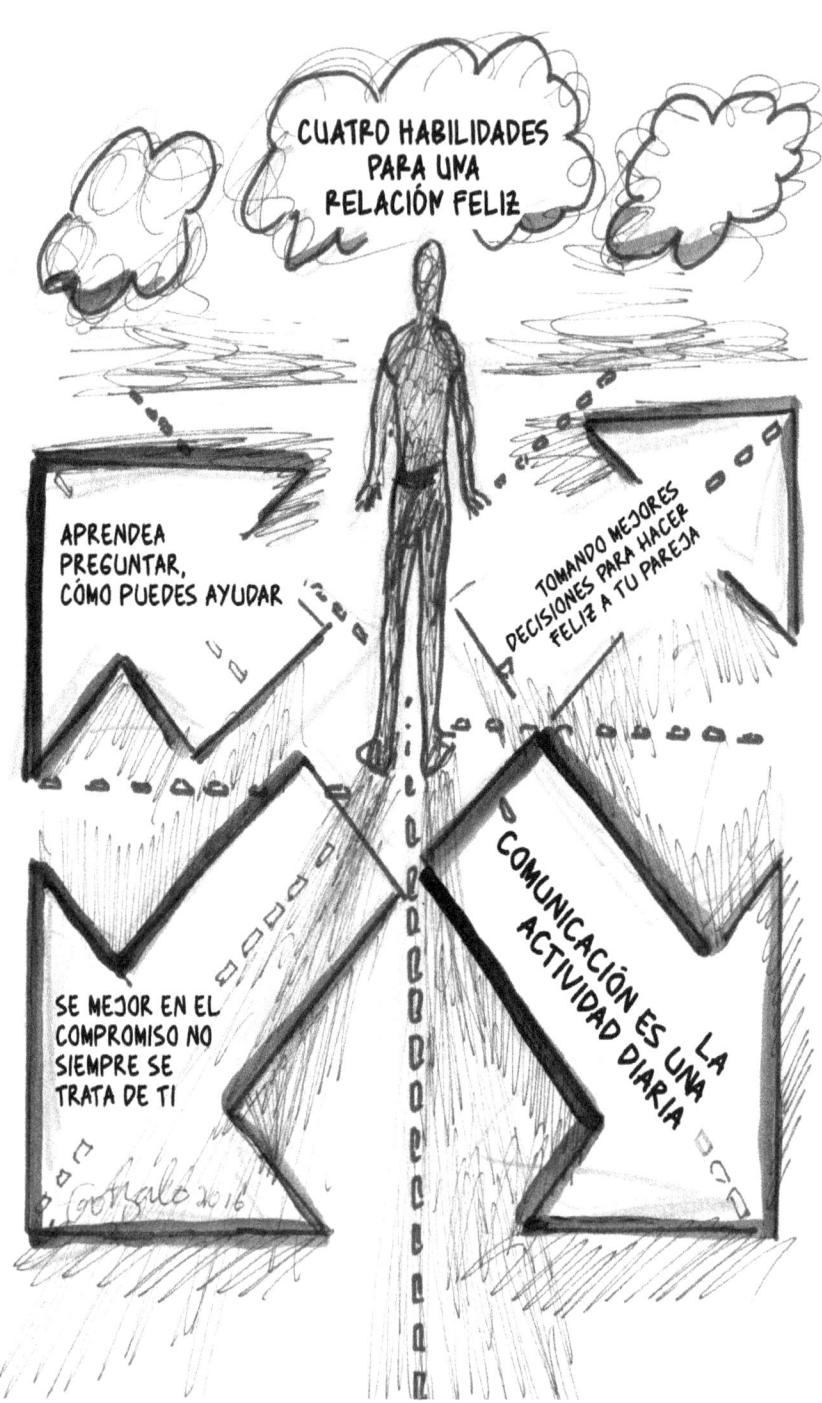

Capítulo 4:
Cuatro habilidades que nunca dominaste para tener una relación feliz

Una relación es un trabajo en progreso.
Cuanto más aprendes, mejor se pone.

No es culpa tuya que nunca te hayan enseñado las cuatro formas fundamentales de trabajar con tu pareja para construir una relación saludable. Si has estado buscando a tientas en la oscuridad, es porque nadie te dijo dónde encontrar el interruptor de la luz. Cuando ninguna de las habilidades críticas está operando, el único resultado es estrés adicional, creando una relación que nadie quiere.

Aquí están las cuatro habilidades. Si se usan correctamente a diario, ya no será necesario que compartas la casita del perro.

HAZ LA PREGUNTA
No puedes leer la mente de tu pareja. Pero si estás en sintonía con tu pareja, sabrás cuando algo anda mal. Así que haz preguntas como: "¿Hay algo que hice mal o puedo mejorar?" o "Pareces distante. ¿Estás moleste?" Esto crea fuerza y trae equilibrio a la relación.

TOMAR BUENAS DECISIONES
Cuando tu pareja te pide algo y estás demasiado ocupade o le ignoras, se crea una relación desequilibrada. Entonces, la próxima vez que te pida algo, hazlo.

COMPROMISO
Siempre debe haber un toma y dame en una relación. Si eres inflexible en un tema y tu pareja cede, deja que tu pareja se salga con la suya en otro tema.

COMUNICARSE

Ésta es la clave para una relación exitosa. Hacer que tu pareja sea consciente de las decisiones tomadas que los afectan a les dos es fundamental y genera confianza.

El objetivo final es eliminar el estrés de tu pareja y tu relación, para que puedas ser feliz. ¿Sabes cuál es tu nuevo trabajo en la vida? Eliminar el estrés de tu pareja a toda costa. Como ya has escuchado por segunda vez te digo: ¡para asegurarte de que tu pareja nunca esté estresade!

Empieza a aplicar las cuatro habilidades para eliminar el estrés de tu pareja. Haz lo que sea necesario. ¡Ahora piensa en lo que te estoy pidiendo y por qué! Eso es todo. Clase terminada. Puedes irte a casa ahora. Inmediatamente después de terminar el libro. Porque para asegurarte de que tu pareja nunca esté estresade, necesitarás mis herramientas para que eso suceda, y están al final del libro, solo digo.

Habilidad 1:
Haz la pregunta

Las preguntas dan a las personas la oportunidad de hablar sobre las cosas de manera constructiva. Las parejas, especialmente al comienzo de una relación, siempre intentan hacer lo que creen que la otra persona quiere que hagan, pero la mayoría de las personas adivinan mal. Las parejas que creen que pueden leer la mente de los demás se engañan a sí mismes la mayor parte del tiempo.

Aquí está mi secreto sobre esto: sabes cómo saber cuándo tu pareja está desconectada de ti. No habla, no se ríe, está nerviose, y la verdad es que no tienes idea de por qué. Normalmente solo le das espacio y sigues adelante. Aquí es cuando debes decir: "¿Tienes un minuto? Me gustaría hacerte una pregunta. Quiero ser mejor y no tengo ni idea de lo que hice mal. Pero, lo que es más importante, me gustaría saber cómo puedo hacerlo bien". Deja que tu pareja se abra y luego demuéstrale que tomarás mejores decisiones en el futuro.

Un buen ejemplo es cuando una persona en una relación necesita más tiempo a solas, sin su pareja. Puede crear un conflicto cuando uno de los miembros de la pareja comienza a pensar: Oh, no quiere estar conmigo, lo que debe significar que no se preocupan por mí. En realidad, uno de los miembros de la pareja puede estar simplemente acostumbrado a tener más tiempo a solas y ni siquiera se da cuenta de cómo está haciendo sentir a la otra persona. Hacer preguntas aclara la confusión.

Es hora de hacer preguntas como: "¿Crees que tenemos una relación equilibrada?" "¿Sientes que esta relación es igual?" O "¿Te sientes segure conmigo?" La última pregunta a abordar es si tu pareja confía en ti. Ahora es el momento de escuchar las respuestas. Toma notas, muchas notas, y escucha.

Así que solo haz preguntas para ayudar a tu pareja a decir en voz alta lo que ronda en su cabeza. Pero cada pregunta debe responder a la pregunta central: ¿Cómo puedo ser una mejor pareja para ti?

TOMANDO DECISIONES

Ayudaré con las actividades de la casa

Estaré contigo todo el fin de semana

Tendré cuidado al gastar dinero

Habilidad 2:
Tomar buenas decisiones

Cada acción es una decisión.

Si alguna vez trataste de tomar una decisión, pequeña o grande, con tu pareja, sabes lo difícil que puede ser. ¿Por qué es tan difícil? Cuando eras soltere, tomabas decisiones de forma independiente y requería una aceptación personal con poco impacto en otras personas.

Es lógico que la calidad de tu toma de decisiones defina quiénes somos dentro de nuestras relaciones, lo que lleva a una relación exitosa o fallida. Recuerda, las necesidades de tu pareja deben ser lo primero. Solo entonces estarás encaminado hacia una relación saludable. Solo recuerda esto: cada acción es una decisión.

Ya sea que tomen decisiones activamente juntos o se consideren le une a le otre en sus elecciones individuales, hay relativamente pocas decisiones que debas tomar por tu cuenta. Si uno o ambes a menudo se desvían por su propio camino tomando decisiones sin hablar primero, tarde o temprano la relación se verá afectada. Entiendo que tomar decisiones es un movimiento independiente, pero deben tomarse juntos en una relación. Cuando tomas decisiones sin darle a tu pareja una pista sobre lo que está pasando, los sentimientos pueden resultar heridos.

Pero hablar de una decisión no significa asumir el control de la toma de decisiones. Deja que tu pareja tome sus propias decisiones y respeta su criterio. Permítele la libertad de tener éxito o fracasar, con todo el aprendizaje que acompaña a ambes. Y tú también debes demostrarle a tu pareja que puedes tomar buenas decisiones por tu cuenta.

COMPROMISO

SE TRATA DE QUE TU PAREJA

Compromiso
Se trata de que
tu pareja tenga voz
y una opinión que
sigas. No siempre
se trata de ti.

Habilidad 3:
Compromiso

El compromiso se entiende como ceder algo para llegar a un entendimiento con tu pareja. En algún momento de tu relación, tú y tu pareja tendrán un enfoque, una opinión o un deseo diferentes. Pero si se hace bien, el compromiso te ayudará a ti y a tu pareja a crecer juntos como equipo. Fomenta la confianza, la responsabilidad, la coherencia y la seguridad en tu relación. También muestra que tienen un objetivo común en mente: una relación saludable.

Aquí está la habilidad a practicar: al tomar una decisión de línea dura, primero pon tu ego bajo control. Si crees que tu camino es el único, solo te estoy pidiendo que des un paso atrás y vuelvas a evaluar si esa mala programación te está ayudando. ¿Hacer lo que quiere tu pareja es lo peor que podría pasar? En la mayoría de los casos, he descubierto que la elección de mi pareja es correcta y, a menudo, mejor que la mía.

En una relación, no puedes evitar las peleas, pero puedes llegar a un acuerdo sobre la mejor manera de discutir. Es un LENGUAJE DEL AMOR. Si tu pareja necesita espacio después de un problema, vuelve a reunirte más tarde para hablar. Si sientes que estás dando más de lo que estás recibiendo, o tus compromisos comienzan a sentirse más como sacrificios, podría ser el momento de reevaluar los estándares y límites establecidos, o de lo contrario estarás cayendo en el peligroso territorio de agradar a la gente.

El compromiso es una habilidad que llevará tiempo aprender. No dejes que las cosas lleguen al punto en el que tu pareja se moleste porque siente que está haciendo todo el trabajo y tú solo te fuiste. Para reconectar, tienes que tomártelo en serio. Recuerda, está bien decir: "Tú tienes razón, yo estoy equivocade".

COMUMICAR

Habilidad 4:
Comunicarse

La comunicación eficaz con tu pareja genera respeto mutuo. La idea es simple: la gente es empática. Pueden comprender en un nivel muy sutil cuando algo anda mal. Entonces la comunicación ayuda a fortalecer el respeto. Elimina las conjeturas de lo que está pensando tu pareja. Ayuda a evitar malentendidos y a generar confianza. Permite que las parejas se apoyen entre sí. Ayuda a las parejas a enamorarse y es excelente para tu estado de ánimo.

La próxima vez que te dirijas a lo que podría ser una conversación difícil sobre un desacuerdo importante, asegúrate de esforzarte por ser un oyente activo, sin importar lo difícil que sea. Esto tomará el trabajo como un conjunto de habilidades complejas. Haz todo lo posible por escuchar con atención y demuestra que lo estás haciendo repitiendo lo que tu pareja dijo en tus palabras. Como, "Escuché que es vital que ahorremos dinero, así que trataré de vigilar mis gastos más de cerca" o "Entiendo que te sientes sole cuando trabajo tanto, así que intentaré volver a casa antes cuando sea posible."

Mantente conectade aquí con pequeños gestos, como contacto visual, tomarse de la mano y asentir. Esto hace que tú y tu pareja se sientan como compañeres de equipo en lugar de oponentes. ¡Guarden esos teléfonos móviles y computadoras portátiles cuando tengan discusiones importantes! También puedes considerar una "palabra de seguridad" que puedas utilizar para detener la conversación.

Aquí tienes un secreto. Si te tomas diez minutos al final de cada día para dejar que tu pareja se desahogue, le permites expresar lo que está sintiendo y abres un canal de comunicación positivo. Recuerda que ser complaciente puede acabar con una relación en poco tiempo. Si tu pareja te pide que hagas algo y sientes que es injusto, asegúrate de expresarte y compartir tus pensamientos. Habla con tu pareja y comunícate con elle para que comprenda. Por otro lado, si presionaste y todo se fue demasiado lejos, recuerda que está bien decir: "Tú tienes razón, yo estoy equivocade".

**No es culpa tuya que nunca te hayan
enseñado lo que se necesita para tener una relación sana.**
Pero ten cuidado. Después de leer este libro,
¡no tienes excusas!

Capítulo 5:
Tus necesidades para ser feliz

Eres la piedra de la base de tu relación.

En este capítulo, aprenderás acerca de las cuatro necesidades que tu pareja debe honrar y respetar para que tú seas feliz. Cuando alguno de estos es pisoteado, no estarás contento. ¿Cuándo has hablado con tu pareja sobre tus necesidades? ¿Tu pareja sabe siquiera que existen?

Necesito que pienses en ti misme como la base del puente de tu relación, lo que llamamos la piedra. Recuerda: Tú eres la piedra de la base.

En el próximo capítulo, aprenderás acerca de las cuatro necesidades de tu pareja. Considera las cuatro necesidades de tu pareja como pilares de tu puente soportado por la base. Estos son los componentes principales de un puente. Si la base es débil, también lo son los pilares. Si la base y los pilares son fuertes, tu puente también lo es. Si satisfaces todas las necesidades de tu pareja, has creado un puente sólido. Entonces, y solo entonces, tu pareja honrará y apoyará tus cuatro necesidades.

Lo que necesitas de tu pareja puede ser muy diferente de lo que deseas. Una necesidad es un requisito absoluto como el aire y el agua, y un deseo es algo que quieres. En las relaciones, es fácil confundir a les dos.

Satisfacer tus deseos puede ser tan importante como tus necesidades. Derrochar en un juego y comprar algo especial para lo que ahorraste puede confundirse con una necesidad. La verdad es que no lo es, pero seguro que hace que la vida valga la pena. Ganar dinero para pagar las cuentas, cuidar de los niños, colaborar y cuidar de tu pareja es una necesidad. Pero después de todo este esfuerzo, puede sentirse como un golpe cuando se niegan tus propias necesidades o deseos.

El objetivo es que tu pareja te permita tener tus deseos. Pero esto solo puede ocurrir si se satisfacen sus necesidades. Esto es solo naturaleza humana y sentido común. Las necesidades son esenciales e importantes para todos. Existe la necesidad de sentirte segure, tener éxito o ser feliz en tu relación. Es necesario tener una conexión con una pareja cariñose y divertide. Al descifrar la diferencia entre necesidades y deseos, te sugiero que te concentres primero en las necesidades. Luego comunica a tu pareja tus deseos. Recuerda, tu pareja también tiene deseos.

La realidad es que cuando se satisfacen tanto las necesidades como los deseos, la vida se equilibra y, en la mayoría de los casos, tu relación es saludable. Para que se cumplan tus deseos, debes haber satisfecho las necesidades de tu pareja.

Continuemos con la metáfora de una relación como puente. Ya hemos establecido que tú eres la base. La última pieza son las vigas de soporte que se apoyan en los pilares. Las vigas de soporte son problemas diarios que pueden sacudir los pilares y sacudir la base. Aprenderás más sobre estos en el Capítulo 6.

Analicemos lo que te hace feliz. Parte de esto se aplicará a ti y otra no. Solo usa lo que funcione para ti. A continuación se muestran las etiquetas que aplico a cuatro necesidades humanas básicas.

- **GUSTAR**
- **NO GUSTAR**
- **LO PÉSIMO**
- **ODIAR**

**Si estas cuatro necesidades se comprenden y respetan,
es simple. ¡Serás feliz!**

TU SABES LO QUE TE GUSTA PARA SER FELIZ

Necesidad 1:
Lo que ME GUSTA

La primera necesidad se define como lo que te gusta en la vida para ser feliz. La necesidad de GUSTAR es lo que hace que valga la pena vivir la vida: esa sensación de que lo tienes todo. Cuando tu pareja respeta tus gustos, la vida es genial. De lo contrario, comienzas a sentirte resentide e infeliz con tu pareja.

Aquí hay algunas cosas comunes que caen bajo la necesidad GUSTAR:

Ser necesitade y queride: la necesidad de sentirse necesitade y queride puede manifestarse de pequeñas maneras. Recibir un cumplido, una mano pasando por tu cabello en el camino a casa... un poco de atención hacia ti nunca está de más. Si quieres más de esto, da más. Es una gran sensación cuando tu pareja dice "Eres increíble", y lo dice en serio. Es incluso mejor cuando dicen que te quieren.

Compañerismo: esta es la necesidad de tener una pareja cariñose y divertide a la que puedas llamar tu mejor amigue y pasar el rato. Alguien con quien puedas estar todo el tiempo y disfrutar. La pareja que te gusta para ti. Una relación de dos personas inseparables.

Competitividad: la necesidad de competir y ganar es una descarga de adrenalina, ya sea un juego con tus amigues o simplemente apoyando a tu equipo. Es la idea de ganar lo que impulsa la emoción. ¡Endorfinas a todo dar! Es una droga natural y te hace sentir con vida. Pero no compitas con tu pareja... solo digo.

Arreglar cosas: ya sea que se trate de arreglar algo verbalmente o físicamente, hacerlo se siente bien. Es un golpe positivo para tu ego cuando lo haces, ¡lo lograste! Incluso si no tuvieras ni idea de lo que acabas de hacer, se siente tan bien. ¡Así que aquí solo se necesitan comentarios positivos!

Perdonar: la necesidad de perdonar es fundamental, porque sin ella simplemente te volverás loque. Poder perdonar es una forma de libertad mental. No interrumpas eso. Es fundamental perdonar para poder seguir adelante con otras actividades importantes y no preocuparse. El mensaje interno aquí no es nada malo, por favor. Cuanto más rápido soluciones el problema y perdones, más rápido volverás a divertirte.

Sexo: tu vida sexual afecta tu bienestar general, físico, espiritual y emocional. Te hace sentir que todavía estás en tu juego y no eres alguien con quien meterse, porque eres le mejor. Si no lo usas, lo perderás. Si tu pareja no entiende esto, debes entender que esta es la realidad: necesitas sexo para sentirte con vida. Tus necesidades deben satisfacerse de una forma u otra. Esos particulares sitios web en particular no generan miles de millones por sí mismos; necesitan ayuda.

Pensando en grande: ¿Quieres alimentar tu propósito en la vida? Solo permítete pensar en grande y sueña con tu próximo viaje, concierto, trato, cambio de carrera, inicio o cualquier otra cosa que hayas estado esperando hacer. Tener una pareja que te respalde y te apoye vale oro. Cuando los sueños se aplastan, también lo hace tu autoestima, lo que desencadena inseguridades. Es por eso que tener una pareja increíble a tu lado es lo que se busca. Que esté ahí para celebrar contigo cuando ganas y ayudarte a lamerte las heridas y recoger los pedazos cuando las cosas no salen según lo planeado. Los grandes sueños a veces necesitan ser recalibrados o ajustados y, en algunos casos, si lo has dado todo y no tienes éxito, está bien dejarlo ir y encontrar uno nuevo.

Juguetes, artilugios, pasatiempos o deportes: el tiempo de recarga o descanso puede ayudar a fortalecer tu salud mental y física mientras potencia tu bienestar. Es más que una escapada mental; estas actividades pueden hacerte sentir con vida y con un propósito.

Desahogo: la necesidad de relajarse, desahogarse y dejar que la mente se vuelque es fundamental para vivir una vida saludable. Poder hablar con tu pareja sobre temas importantes y sin importancia y no cerrarte es una necesidad. Ya sea que te des cuenta o no, todos deben ser escuchados de vez en cuando. ¡Eso te incluye a ti! Es la forma de validar si vas por buen camino o estás fuera de curso. Tu pareja se convierte en tu caja de resonancia. Lo mejor de desahogarse con una pareja que sabe escuchar es que los acerca. Es una conexión y un vínculo. Revela su cuidado y amor.

Cuando tu pareja honra y respeta estos GUSTOS, las cosas son simples y tú estás feliz. Cuando uno de estos GUSTOS es pisoteado, tu reacción es la misma cada vez: ¡enojo!

LO QUE NO ME GUSTA

Peleas

SER TIRADE A LA BASURA

Estar equivocade

Tareas

SER CONTROLADE

Quejas constantes

Persistente

Argumentos acalorados

Recordado del pasado

MISTERIOS

Necesidad 2:
Lo que no me gusta

Esta segunda necesidad es un poco extraña. Por mucho que necesite respeto por lo que le GUSTA, también espera que tu pareja respete tus preferencias sobre lo que NO TE GUSTA. Cuando tu pareja espera que hagas constantemente cosas que no te gusta hacer, puede parecer que estalla una bomba. Aparecen emociones negativas como la ira, la frustración y el resentimiento.

A continuación, presentamos algunos NO ME GUSTA comunes que pueden resultarte familiares.

Ser destrozado: ser destrozado pasa por todo tu ego, especialmente cuando se trata de tareas y comentarios como, "Odio cómo hiciste el trabajo, fue a medias". "¿Cuándo vas a completar ese proyecto, el próximo año?" "Podrías haberlo hecho mejor". "¡La próxima vez, contrataré a alguien que sepa lo que está haciendo!" Ese tipo de comentarios no hacen ningún trabajo excepto un sarcástico, "¿¡De verdad!? ¡No está bueno!"

Quehaceres: ¿No te gustan los quehaceres? ¿Qué haces? Desde la infancia, cada vez que escuchas la palabra "tarea", es como escuchar clavos en una pizarra y huyes. Por eso consigues una pareja, ¿verdad? Cuando no participas, no escucharás como termina tu pareja. La mayoría de las veces, te sientes como si fuera tu madre. ¿No puede simplemente encargarse de eso? Pero seamos claros: que no te gusten las tareas no es excusa para saltarte tu parte de la carga. Habla con tu pareja sobre lo que no te gusta y dónde estarías más feliz de participar.

Quejas constantes: ¿No te gusta escuchar a alguien quejarse todo el tiempo? Es un desafío mantenerse positivo y feliz cuando una pareja siempre es negative. Pon en práctica tus habilidades de comunicación: haz preguntas respetuosas y ofrece apoyo para llegar al fondo de todas esas quejas.

Discusiones fuertes: ¿No te gusta una pelea de gritos o la pérdida de control? En estas situaciones, siempre eres propense a faltarle el respeto a tu pareja y a decir cosas que no querías decir. A veces ves las palabras que salen de tu boca en cámara lenta, una palabra a la vez. Luego, pensando en voz alta: "Dios mío, ¿qué acabo de decir?" ¡Oh! Ojalá pudiéramos retirar esas palabras, o nos perseguirán por el resto de nuestras vidas.

Regaños: En pocas palabras, regañar es degradante e irritante. No te gusta cuando tu pareja te regaña. Si no te lo mereces, pregúntale a tu pareja por qué te acosa sin ningún motivo real. Pero antes de ponerte demasiado a la defensiva, piénsalo. En el fondo, es posible que sepas que te están molestando porque lo has desencadenado. ¿Estableciste una expectativa falsa o no cumpliste con un compromiso? ¿Has inventado una excusa tras otra sobre por qué no terminaste el proyecto de la casa? Mientras tanto, tu pareja se da cuenta de que tienes tiempo para tus actividades divertidas.

Efecto de pelota y raqueta: no te gusta cuando golpeas la pelota y te devuelve el golpe. Por ejemplo, estás en una conversación y, casualmente, dejas escapar algo como: "No me gusta tu mejor amigue". Inmediatamente, tu pareja te lo devuelve: tampoco le agrada ninguno de tus amigues. ¿O reconoces esto? Estás obligando a tu pareja a cumplir una promesa que hizo, y antes de que termines tu oración, elle va a su archivador mental y te lanza promesas que hiciste hace años y no cumpliste. No importa que se trate de la misma persona que no recuerda dónde puso sus llaves hace diez minutos. Ese es el efecto pelota y raqueta.

El pasado: que tu pareja recuerde la fecha, la hora y el minuto de todo lo que alguna vez los ha molestado en la relación definitivamente pone un freno a la relación. Sacar a relucir los problemas del pasado y mezclarlos con los actuales es lo peor.

Mentira piadosa: No te gusta decir mentiras piadosas, pero ¿es más fácil que ser expueste o gritade? Por lo general, esto sucede cuando hay una diferencia de opinión y sucede cuando crees que tu pareja está haciendo solicitudes poco razonables que no puedes cumplir o satisfacer. Entonces, comienza la mentira piadosa. Surge de la necesidad de tomar decisiones independientes sin explicar tus acciones y la basura que conlleva y que te digan que no.

La opinión que mi pareja tiene de mí siempre es más importante que la de cualquier otra persona.

EN LO QUE SOY PESIME

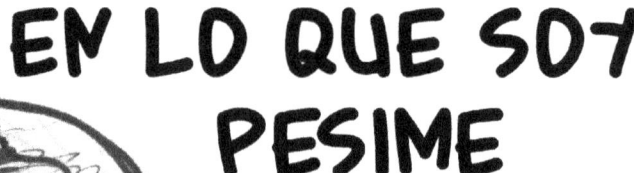

Pedir ayuda

Realizar actividades que no queremos hacer

Admitir que no tengo la razón

Completar tareas

Detalles

Conversaciones largas

Ser responsable

Quehaceres

Necesidad 3:
En lo que soy pésime

Esta tercera necesidad también es extraña. En lo que eres pésime, es similar a lo que NO TE GUSTA, tiene que ser respetado para que puedas estar feliz con tus decisiones. Cuando te ves obligade a hacer cosas en las que eres pésime, todas las inseguridades de tu infancia se activan. Recuerdas todas las veces en el pasado en las que no te sentiste lo suficientemente bueno.

Anthony Bourdain preguntó una vez: "¿Qué es lo opuesto a "ser pésime"? ¿Ser increíble? Ese es el problema cuando estás en territorio SER PÉSIME. No hay salida fácil.

¿Te identificas con alguna de estas situaciones comunes de SER PÉSIME?

Admitir que estás equivocade: esto equivale a aceptar que tomaste una mala decisión. Pero eres la persona más inteligente de la sala, ¿cómo puedes equivocarte? Especialmente duele cuando tu pareja señala que estás equivocade. Es vergonzoso escucharlo, y no hay nada más degradante que una pareja que exige escuchar las palabras "Me equivoqué" salir de tu boca.

Pedir ayuda: Gracias, YouTube, por ayudar con esos desafiantes proyectos de la casa. Pero, ¿y si el Internet no funciona? ¿Qué harías? Recibí tu respuesta. Nada, porque tu orgullo se interpondrá en el camino de pedir ayuda. ¿Por qué? ¡Porque eres pésime en eso!

Completar tareas: ¿No logras completar las tareas a tiempo o en absoluto? A menos que una tarea produzca una gran recompensa, no es una prioridad. Los perros esperan una golosina y una caricia detrás de la oreja nunca duele. Una pareja que premia el buen comportamiento nunca está de más. Por lo tanto, asegúrate de ser recompensade con un regalo por tu buen comportamiento. Aparte de eso, simplemente seremos pésimes al completar tareas.

Detalles: ¿Simplemente eres pésime con los detalles? Lidiar con los detalles simplemente lleva demasiado tiempo. Corto, rápido y hasta el punto de que todos ganan, entra y sal. Vivimos en un mundo donde la gratificación instantánea es la norma, y la multitarea significa pedir pizza y ver el juego simultáneamente. Cualquier otra cosa es demasiado detallada, y simplemente somos pésimes.

Conversaciones largas: cuando tu pareja necesita tener una conversación larga, es cuando se activa la respuesta SOY PÉSIME. Cuando tu pareja quiere explicar los detalles de un tema y quiere que escuches cada letra, ¿tienes la capacidad de atención de un mosquito y necesitas información dulce y breve? Cuando los detalles deben jugar un papel, la mente se limita a realizar múltiples tareas. Por ejemplo, están hablando y nosotres escuchamos, pero también pensamos en lo que queremos en la pizza. Es un ganar/ganar, ¿verdad? Todavía estoy escuchando.

Guardar las opiniones para ti misme: es imposible de hacer. Si tienes una opinión, saldrá de una forma u otra.

LO QUE ODIO

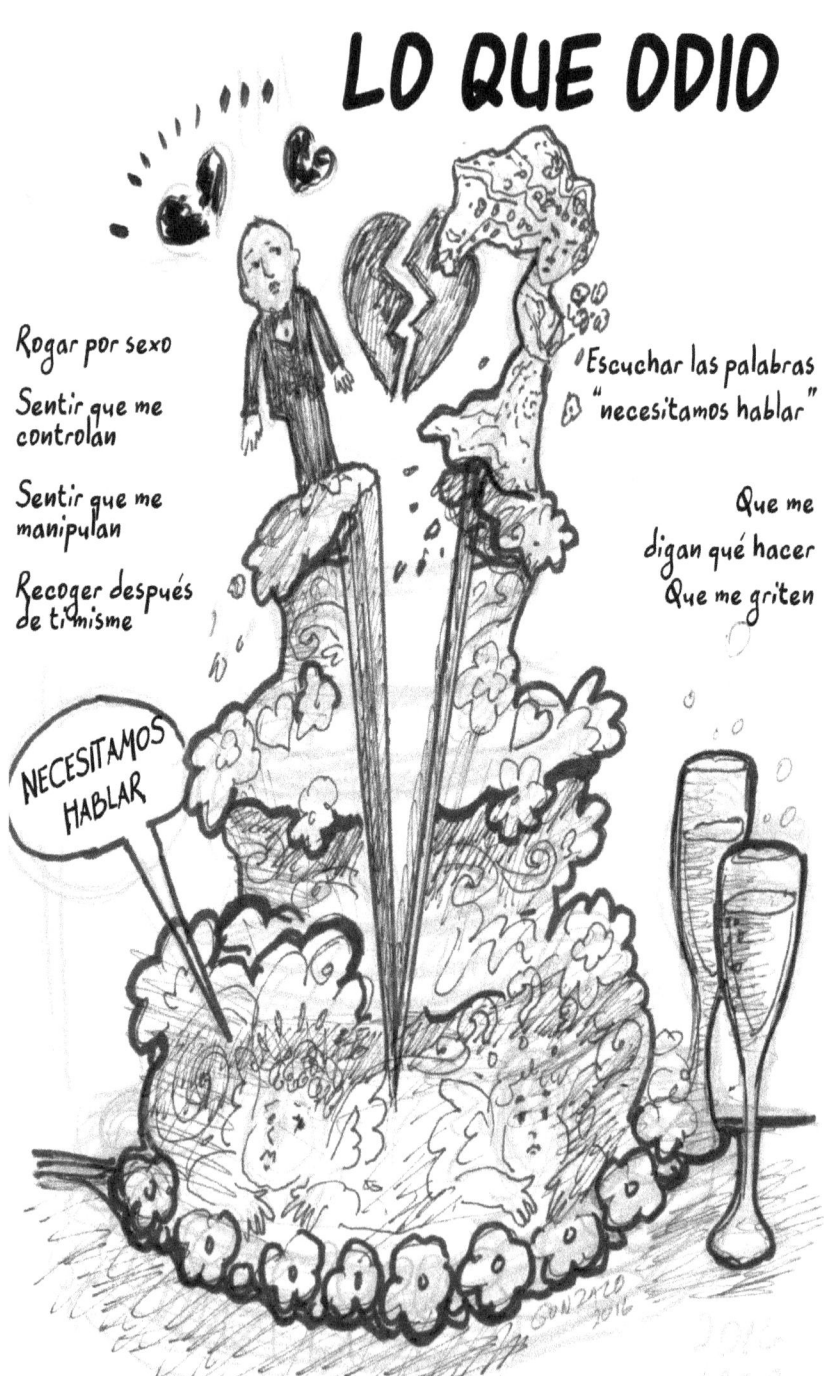

Rogar por sexo

Sentir que me controlan

Sentir que me manipulan

Recoger después de ti misme

Escuchar las palabras "necesitamos hablar"

Que me digan qué hacer
Que me griten

NECESITAMOS HABLAR

GONZALO 2016

Necesidad 4:
Lo que odio

Esta cuarta y última de tus necesidades también es extraña. Es lo que ODI-AS, lo que necesita ser respetado para que puedas ser feliz con tu pareja. Cuando te ves obligada a hacer cosas que odias, se activará tu necesidad de ODIO. Donde en lo que ERES PÉSIME puede desencadenar problemas de autoestima, ODIO te llevará directamente a la ira y al resentimiento.

Aquí hay algunas situaciones de ODIO comunes. Sé honeste. ¿Te identificas?

Mendigar por sexo: La necesidad de suplicar por sexo ocupa el primer lugar en el ranking para desencadenar la necesidad de ODIO. Cuando tu pareja te interrumpe o tienes que rogar por ello, simplemente no eres una persona normal en ese momento. Es posible que te encuentres haciendo pucheros y suplicando. Simplemente eres miserable. Harás cosas que no le desearías a ninguna otra persona solo para satisfacer tus necesidades. El orgullo, la humildad y la autoestima se tiran por la ventana. Cuando se satisfacen tus necesidades sexuales, miras para otro lado, te cepillas y retomas donde lo dejaste.

Ser controlade: si tu pareja toma todas las decisiones, no te escucha y tiene expectativas enormes sin responsabilidades equilibradas a cambio, estás siendo controlade. Se siente como si nunca tuvieras nada que decir. Es un sentimiento de incompetencia.

Ser manipulade: ¿A quién le gusta ser manipulade? De nuevo, nadie. Es por eso que se activa el núcleo de ODIO. Odias que te manipulen y no te gusta que te burlen porque eso implica que nunca tuviste el control de la situación. Ahora, ¿entiendes por qué digo que el ODIO es una necesidad?

Recoger después de ti misme: algunas parejas se oponen a recoger después de ti con la frase: "No soy tu madre". La mayoría de nosotres somos sensibles acerca de nuestra relación con nuestras madres, por lo que sugerir que todavía la queremos o necesitamos para el cuidado básico es un problema.

Necesitamos hablar: No hay dos palabras que infundan más miedo en el corazón de una pareja como esas dos palabras: "Necesitamos hablar".

Ahora, regresa y piensa en las cosas que caen en estas cuatro categorías: GUSTAR, NO GUSTAR, LO PÉSIMO y ODIAR. Puede haber algunas cosas que te admitas a ti misme por primera vez. Luego, compártelos con tu pareja, para que tu pareja esté en la misma página. No asumas que tu pareja ya lo sabe. El objetivo aquí es que ambes reconozcan sus necesidades.

A continuación, es el momento de abordar las necesidades básicas de tu pareja. Estás en camino de comprender la verdadera causa de las desconexiones en una relación. Una vez que conozcas las necesidades de tu pareja y comprendas cómo abordarlas, ¡estarás en el camino!

Capítulo 6:
Las necesidades de tu pareja para ser feliz

**Cuando ayudas a tu pareja a satisfacer sus necesidades,
te conviertes en la mejor pareja posible.**

¿No quieres hacer feliz a tu pareja? ¿No quieres mirar a tu pareja con amor, respeto y amistad? ¿No quieres que tu pareja te mire como si fueras lo único que importa? ¿No quieres que tu pareja sepa que puede contar contigo? ¿No quieres que tu pareja sepa que tú serás quien realmente le protegerá? Entonces este capítulo es la clave secreta para una gran relación. La explicación más simple de por qué fracasan las relaciones es porque no se satisfacían las necesidades de tu pareja. Hablaremos sobre lo que motiva a tu pareja y lo que está pensando (sin abrir la caja de Pandora).

Recuerda que las cuatro necesidades de tu pareja son pilares de tu puente. Cuando se satisfacen sus necesidades, la base es sólida. Los pilares de tu pareja mantienen el puente en pie. Por lo general, es tu pareja quien hace que todo funcione sin problemas en casa, sosteniendo el puente. Si la base y los pilares son fuertes, su puente también lo es.

Aquí están los pilares, cuando ayudas a tu pareja a satisfacer estas cuatro necesidades, te conviertes en la mejor pareja posible.

- **Equilibrio**
- **Igualdad**
- **Seguridad**
- **Confianza**

Tu trabajo es asegurarte de que los pilares de tu pareja nunca se dañen. Tu función es honrar y respetar las necesidades de tu pareja. Para hacer esto, debes apoyar las necesidades de la misma. Lo cual comienza con la comprensión de los cuatro errores que has estado cometiendo. Una vez que se enciende esta bombilla, comprendes cómo impactas a tu pareja con las decisiones que tomas. Ahora puedes comenzar un nuevo viaje para ti y tu relación.

La verdad es que tendrás que modificar tus comportamientos. Recuerda, tú eres la base. La base debe asentarse primero. Esto comienza cuando comprendes por qué no se han satisfecho tus necesidades, pero si no se han satisfecho las necesidades de tu pareja, tampoco es posible que se satisfagan las tuyas. Una vez que entiendas esto, finalmente estaremos en la misma página para tener una relación feliz. Si no estás de acuerdo, todo lo que puedo decir es buena suerte.

Aprenderás que cada pilar se ve afectado por los problemas diarios que surgen. Si eres positive y solidarie, los pilares no se verán afectados. Si eres negative y no respondes, dañarás un pilar. Cuanto más negative e insensible seas, más grietas se desarrollarán. Cuantas más grietas haya, más débil será el pilar. Si los cuatro pilares son débiles, tu relación puede derrumbarse. Tu trabajo es asegurarte de mantener tu puente sin grietas en los pilares.

Una forma en que puedes detectar grietas es por el ruido que hace tu pareja para llamar tu atención. Podrías referirte a esto como fastidiose. Si tu pareja está contigo todo el tiempo, entonces adivina qué, tienes muchas fallas que arreglar. Por supuesto, puedes ignorarle y vivir una vida dolorosa y en guerra hasta que te quedes con los escombros.

Comprende que arreglar cada pilar requerirá atención y mucho trabajo al principio. Piensa en ello como un puente que no ha sido inspeccionado por un tiempo. No es un proyecto de la noche a la mañana. Cada pilar es único y requiere herramientas y habilidades específicas para solucionarlos. Si estás tratando de solucionar un problema con un destornillador de estrella cuando necesitas uno de pala, simplemente no funcionará. Entraremos en todo eso en el próximo capítulo.

La buena noticia es que estos pilares se pueden reparar de uno en uno. Las grietas profundas llevarán tiempo, pero con esfuerzos cuidadosos, consistentes y las herramientas adecuadas, siempre hay esperanza. La esperanza es uno de los mayores regalos de tu pareja en la vida. Sin esperanza, tu pareja se habría ido hace mucho tiempo.

Entonces, analicemos las cuatro necesidades de tu pareja y comencemos a pensar en lo que se necesitaría para apuntalar cada pilar. Antes de que podamos comenzar a evaluar la cantidad de daño que ha acumulado cada pilar, reduzcamos un poco la velocidad. Cuando leas este capítulo, intenta mirar hacia atrás en experiencias pasadas para comprender dónde pudiste haber descuidado las necesidades de tu pareja.

EQUILIBRIO

Romance

Apaga el teléfono en la cena

Deja que tu pareja hable cuando llegue a casa

El tiempo de calidad es fundamental

Deportes y pasatiempos necesitan equilibrio

No solucione problemas de tu pa

Se buen oy

Necesidad/Pilar 1:
Equilibrio

Los pilares desiguales conducen a un puente inestable y tambaleante y, como un puente, una relación desequilibrada corre el riesgo de colapsar. Equilibrio significa poder intervenir en lugar de tu pareja cuando necesite tu apoyo, ya sea para cocinar la cena, limpiar, lavar la ropa, ir de compras o acostar a les niñes. Si tu pareja suele hacer estas actividades y te das cuenta de que está exhauste, debes saber que debes participar sin que te lo pidan. La clave para arreglar las grietas en el pilar del Equilibrio es dejar de descuidar e ignorar a su pareja, como se discutió en el Capítulo 2.

CAUSAS QUE AFECTAN EL EQUILIBRIO DE LAS RELACIONES

El equilibrio de la relación se desafía en torno a estos factores a los que todos se enfrentan. Entraremos en las herramientas diarias en el próximo capítulo.

* **Familia**
* **Amigues**
* **Hábitos**
* **Salud**
* **Pasatiempos y deportes**
* **Niñes**
* **Desahogo**
* **Trabajo**

Hay problemas más complejos que yo llamo problemas de "equipaje" que afectan el equilibrio de la relación. Estos son:

* **Adicción**
* **Depresión**
* **Nunca es suficiente**
* **Trauma**

Este libro cubre algunas de las herramientas diarias más utilizadas. Para obtener más herramientas y los problemas de EQUIPAJE, ve a
www.Tienesrazonestoyequivocada.es

Una relación equilibrada significa unirse en una situación que requiere trabajo en equipo. Estos son los momentos que impulsan a tu pareja a reflexionar positivamente sobre el estado de su relación y le permite sentirse segure de su salud. Encontrar un ritmo estable ayuda a crear equilibrio, igualdad, seguridad y confianza en tu nueva norma. Cuando puedas encontrar el equilibrio en tu relación, puedes decir: "Amo mi vida y mi pareja", al mismo tiempo. Les dos se vuelven simbióticos.

Crear equilibrio significa dar un paso al frente cuando tu pareja es objeto de críticas y ataques en el trabajo, pasa por una tragedia en la familia o se siente mal y está luchando para completar la lista habitual de tareas pendientes. Es tomar la iniciativa para ayudar. No hagas que tu pareja te lo pida. Simplemente ve a recoger a les niñes, llévales a la práctica de fútbol, cocina la cena o haz las tareas de la casa. Presta atención a cualquiera que sea la tarea que tengas entre manos. Esto creará un hogar y una relación bien equilibrados.

Es el toma y dame lo que lo convierte en una relación. Va en ambes sentidos: el yin y el yang de una relación. Quizás la filosofía más conocida en el taoísmo, el yin/yang nos enseña la idea de que dos mitades juntas hacen algo completo. También denotan un punto de partida para el cambio.

Aquí tienes un ejemplo: es sábado por la mañana y esa noche vas a organizar una cena para 25 amigues. Aquí es cuando la relación está en su máximo rendimiento. Tanto tú como tu pareja ya conocen sus roles, y todo sale sin problemas. Esta es una muestra real de una relación 50/50 con la que ambes están comprometides. Tu pareja prepara la casa y comienza a saludar a les invitades mientras tú pones música y enciendes la parrilla. Cuando termina la cena, uno limpia los platos mientras le otre prepara el café. Para cuando todo terminó, les dos están agotados física y mentalmente, pero hubo relativamente poco estrés durante todo este proceso, lo que les permitió disfrutar plenamente de la cena. Ahí es cuando te das cuenta de que no hay excusas de por qué tú y tu pareja no siempre pueden tener este tipo de relación equilibrada.

La pregunta que debes hacerte: ¿Qué se interpone en el camino de tener ese nivel de equilibrio en tu relación? ¿Crees que hay equilibrio cuando estás consumide por tus pasatiempos o deportes? Mantenerte en forma es una cosa, pero si juegas todos los fines de semana en una liga de bolos o softbol, fútbol, golf u otras actividades, vuelves a casa y te concentras en un juego tras otro, luego trabajas en tu equipo de béisbol o fútbol de fantasía, cenas, no queda tiempo para mantener el equilibrio. Si el domingo por la mañana, escuchas a los comentaristas deportivos mientras te desconectas, no le das tiempo a tu pareja. Ésta no es una relación equilibrada. Tienes que ceder en algo y, con suerte, no será a tu pareja.

En el Capítulo 2, expliqué que el primer error que cometimos como pareja es descuidar o ignorar a tu pareja. Esto tiene un efecto directo sobre el pilar del equilibrio. Por lo tanto, es tu trabajo asegurarte de que el pilar del equilibrio de tu pareja no se dañe cuando se trata de problemas diarios.

IGUALDAD

Se escucha la Voz de tu pareja

Necesidad/Pilar 2:
Igualdad

En una relación, la igualdad significa que respetas los pensamientos, opiniones y sugerencias de tu pareja de una manera que garantiza que tu pareja tenga voz. Tu pareja reconoce las cosas que haces por elle. A cambio, reconoces a tu pareja por todo lo que hace por ti. Si tu pareja es completamente abierta y honesta, el respeto mutuo dicta que se comporten de la misma manera. Trata a tu pareja como quieres que te traten a ti, o mejor. Solo entonces estarás en camino hacia una relación equitativa. La clave para arreglar las grietas en el pilar de la igualdad es dejar de sentirte con derecho en la relación, como se discutió en el Capítulo 2.

CAUSAS QUE AFECTAN LA IGUALDAD DE LAS RELACIONES

Estos son los problemas diarios que ocurren y que pueden afectar tu relación si no se tratan correctamente. Entraremos en las herramientas diarias en el próximo capítulo.

* **Discusiones**
* **Evitar conflictos**
* **Creencias**
* **Falta de aprecio**
* **Respeto mutuo**
* **Egoísmo**
* **Responsabilidades compartidas**
* **Voz**

Los problemas de equipaje que afectan la igualdad son
* **Compromiso**
* **Mantener el marcador**
* **Co-dependencia**
* **Resentimiento**

Este libro cubre algunas de las herramientas diarias más utilizadas. Para obtener más herramientas y los problemas de EQUIPAJE, ve a
www.Tienesrazonestoyequivocada.es

Lo opuesto a la igualdad es la desigualdad. Es interrumpir o hablar con tu pareja cuando no estás de acuerdo con lo que dice. La desigualdad es la creencia de que todas las decisiones deben ser tomadas por ti. La desigualdad es cuando tu pareja camina sobre alfileres y agujas a tu alrededor frente a amigues, familiares o invitados. La desigualdad es cuando gritas, golpeas cosas o sales de una habitación para expresar tu punto de vista. La desigualdad es decirle a tu pareja que "no entendería" cuando discuten un problema.

Ambas partes deben estar dispuestas a someterse y practicar lo que yo llamo comportamiento cooperativo para evitar sentimientos de derecho. Nuevamente, aquí es donde debes dejar tu ego en la puerta.

Por ejemplo, ¿tu pareja suele preparar la cena? Digamos que una noche llegas a casa y tu pareja no está. ¿Cuál es tu primera reacción? Si tu respuesta es llamar a tu pareja y preguntarle cuándo estará en casa para preparar la cena, ¡pierdes! Si tu respuesta es tener una cena de televisión solo para ti, tomar una cerveza y encender el juego, ¡ganas! No, es una broma. Tú también pierdes. La respuesta es ir a la cocina y preparar la cena, como lo haría tu pareja.

¿No hay comida ni víveres en la casa? Te subes a tu auto y simplemente vas al supermercado y los compras. Luego llegas a casa, lees la receta y preparas la cena. Si eres inteligente, cuando tu pareja llegue a casa, le dices que le extrañaste, le besas y le sirves la cena. Cuando termines, limpias todo. Eso es igualdad, eso es una relación, eso es amor. ¡Tú ganas!

La igualdad tiene que ver con el respeto y permitir que las necesidades y la voz de tu pareja sean tan importantes como las tuyas. Trata a tu pareja como quieres que te traten a ti, punto. Cuando salgan con amigues y no estés de acuerdo con lo que dice tu pareja, no interrumpas. Deja que tu pareja termine, especialmente cuando no estés de acuerdo. Nadie quiere que lo interrumpan, se le rebaje o, peor aún, que le griten. Los desacuerdos no tienen por qué terminar en gritos, golpes bajos o falta de respeto. Dos mitades equivalen a un entero, y eso es una división 50/50. No 75/25, lo que significa que no puedes tomar el 75% de todas las decisiones. ¿Lo entiendes?

Aprender a gritar o alegar suele ser un mal hábito de programación del pasado y nunca debe llevarse a cabo. Da lugar a un entorno disfuncional. El objetivo aquí es sacudir el mundo de tu pareja. Para conocerle tan bien que puedas anticipar lo que necesita antes de que elle se dé cuenta. Esto es realmente posible. Lo he probado, y mi pareja se enoja porque le conozco tan bien. Cuando alcances ese objetivo, tu pareja no dejará de hablar de ti con sus amigues y familiares, y serás la persona a la que realmente ama.

SEGURIDAD

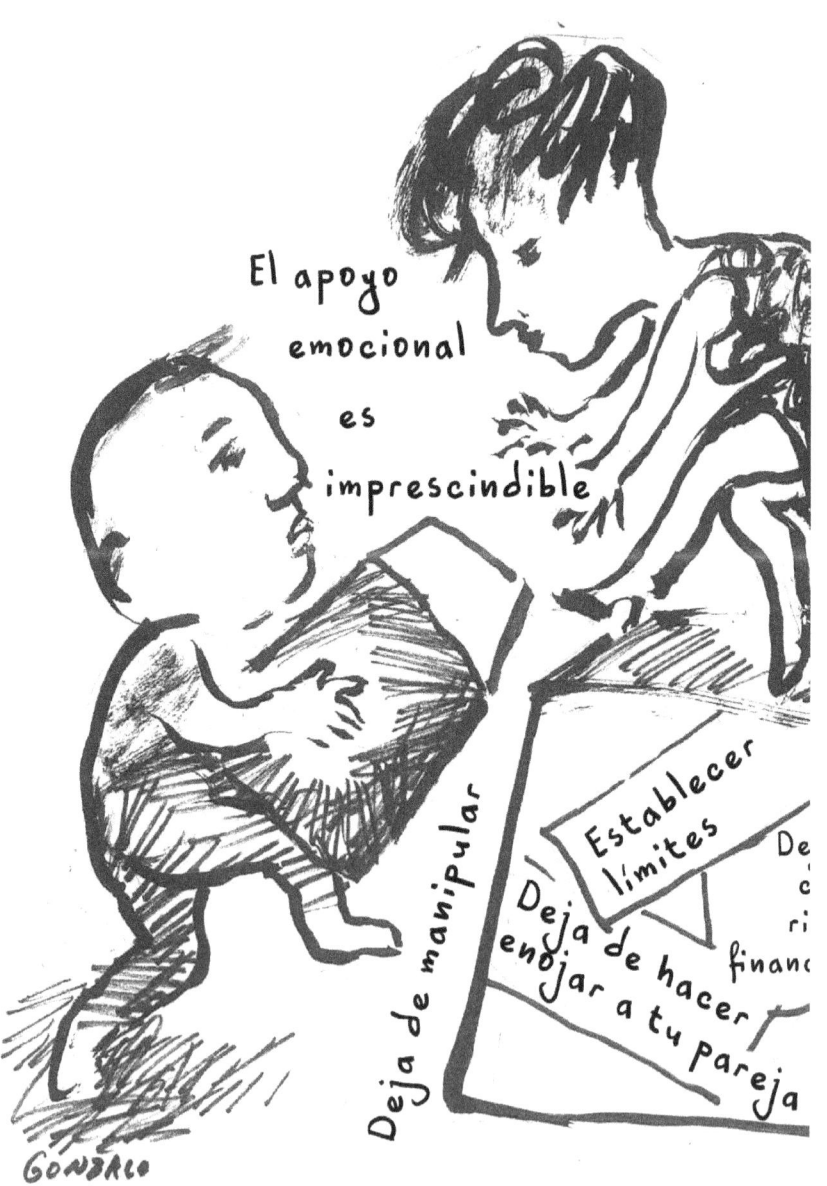

El apoyo emocional es imprescindible

Deja de manipular

Establecer límites

Deja de hacer enojar a tu pareja

Necesidad/Pilar 3:
Seguridad

Una pareja se siente segura en una relación cuando puede ser elle misme, comunicarse abiertamente y sentirse segure emocionalmente. La falta de seguridad en una pareja puede presentar varias complicaciones, como dudas, confusión, celos y tristeza. La clave para arreglar las grietas en el pilar de la seguridad es dejar de establecer falsas expectativas en la relación, como se discutió en el Capítulo 2.

CAUSAS QUE AFECTAN LA SEGURIDAD DE LAS RELACIONES

Estos son los problemas diarios que pueden afectar tu relación si no se tratan correctamente. Entraremos en las herramientas diarias en el próximo capítulo.

- **Soporte emocional**
- **Sentirse amado**
- **Finanzas**
- **Celos**
- **Manipulación**
- **Estrés**
- **Temperamento**
- **Peso**

Los problemas de equipaje que afectan la seguridad de la relación son

- **Abuso**
- **Finanzas**
- **Perdón**
- **Autoestima**

Este libro cubre algunas de las herramientas diarias más utilizadas. Para obtener más herramientas y los problemas de EQUIPAJE, ve a
www.Tienesrazonestoyequivocada.es

Uno de los objetivos de tu vida debe ser hacer que tu pareja se sienta segure en todos los aspectos. Si alguna vez has coqueteado o has sido demasiado amigable con otra persona, puede establecer el tono para que tu pareja sienta celos. Si has desperdiciado dinero, podrías estar provocando la necesidad de seguridad financiera de tu pareja.

La seguridad en una relación surge cuando las parejas se empoderan mutuamente para actuar de forma independiente dentro de un sistema de apoyo totalmente asociado. Esto mantiene el equilibrio mental y emocional. El término "apoyarse en tu pareja" tiene aplicaciones tanto metafóricas como literales para arreglar o mantener el pilar de la seguridad. Significa que estás presente mental, física y emocionalmente para escuchar y hablar sobre las dificultades.

Si tu pareja se siente insegure en la relación, es porque has establecido ese tono. Tu primera reacción al escuchar esto puede ser estar en desacuerdo. A continuación, es posible que te sientas a la defensiva, incluso enojade o frustrade. Pero es verdad. Son las pequeñas indirectas, los insultos y los comentarios de insatisfacción los que pueden influir en el sentido de seguridad de tu pareja en su relación.

Por ejemplo, sabes que el peso de tu pareja le hace cohibirse, pero aún dices frases ingeniosas que juegan con sus emociones. O cuando pasan horas comprando ropa, regresa a casa y pregunta que tal te parece, y dices que no te gusta lo que ha elegido. Todo esto juega un papel importante en la seguridad de tu pareja. Tú tienes el control total de empoderar a tu pareja y hacer que se sienta amade o degradarle y hacer que se sienta cohibide e inadecuade. Es por eso que tú tienes la culpa de no ser más sabio con tus respuestas. En lugar de hacer comentarios negativos, haz comentarios positivos, o puedes desencadenar por sí solo una grieta en el pilar de seguridad de tu pareja.

Además, cuando tienes un desacuerdo con tu pareja y comienzas a degradarle frente a tus amigues, eres el culpable de su vergüenza e inseguridad. Así que la próxima vez, antes de resoplar, soplar y derribar la casa, simplemente detente y trata a tu pareja con respeto y entabla una conversación.

Comprende que la seguridad financiera es necesaria para que tu pareja se sienta segure. Por ejemplo, ahorraste mucho dinero y ahora quieres invertirlo, pero tu pareja siente que es arriesgado. Esto es delicado, porque afecta tu propia necesidad de soñar y pensar en grande. Tu pareja siente que debes realizar una inversión más segura de la que tienes en mente. Aquí está el dilema. Si haces tu movimiento, desencadenas la necesidad de seguridad de tu pareja, y si no lo haces, desencadenas tu necesidad de GUSTAR. Aquí es donde entran en juego tus lecciones sobre el compromiso y la comunicación. Recuerda, esto requiere que aprendas a dar y recibir. A veces, puedes hacer realidad tus sueños y, a veces, tienes que ayudar a tu pareja a hacer realidad sus sueños. Haz de tu trabajo el brindar apoyo brindando seguridad a la relación.

Necesidad/Pilar 4:
Confianza

Si no hay confianza, ¿qué es lo que realmente tienen?

La confianza es necesaria en la base de una relación exitosa. Cuando falta la confianza, resulta en una relación inestable. La confianza es la necesidad de relación más crítica. Piensa en el pilar de la confianza como un pilar que soporta peso que, cuando se daña, puede afectar a todos los pilares al mismo tiempo. Con un engaño real e irrecuperable, es posible que tu puente no sostenga una pluma, y mucho menos cualquier otra cosa. La clave para arreglar las grietas en el pilar de la confianza es detener las mentiras y los secretos, como se discutió en el Capítulo 2.

CAUSAS QUE AFECTAN LA CONFIANZA EN LA RELACIÓN

Estos son los problemas diarios que pueden afectar tu relación si no se tratan correctamente. Entraremos en las herramientas diarias en el próximo capítulo.

- **Límites**
- **Integridad**
- **Intimidad**
- **Estilo de vida**
- **Dinámica de las relaciones**
- **Cuestionar**
- **Tecnología**
- **Mentiras piadosas**

Los problemas de equipaje que afectan la confianza de la relación son

- **Abandono**
- **Desconexión**
- **Doble vida**
- **Mentiras serias**

Este libro cubre algunas de las herramientas diarias más utilizadas. Para obtener más herramientas y los problemas de EQUIPAJE, ve a
www.Tienesrazonestoyequivocada.es

Como el respeto, la confianza debe ser mutua. Debes creer que puedes confiar en tu pareja. Sin confianza, surgen sospechas sobre tu pareja. La confianza genera libertad en tu relación. Cuando la confianza no está presente, las suposiciones negativas conducen a inseguridades que imponen restricciones a tu relación. La desconfianza puede cortar profundamente. Es por eso que las parejas pueden volverse demasiado controladores cuando surgen problemas. Es la misma razón por la que las mentiras piadosas nunca son simplemente mentiras piadosas. Siempre son indicadores de engaño. Es por eso que cuando te atrapan en una mentira piadosa, puede convertirse en una pelea importante.

A nadie le gusta ser sorprendide. Las mentiras invaden la confianza. Cuando se ha violado la confianza de una pareja, puede ser una lucha recuperar esa confianza. Algunas relaciones ponen la confianza en los demás desde el principio hasta que sucede algo que rompe esa confianza. Otros operan al revés en sus relaciones y gradualmente construyen confianza con el tiempo. En el último escenario, la confianza se gana durante un período y se mide a través de varias pruebas antes de que ambes puedan decir "confío en ti" sin lugar a dudas.

Pensemos en los momentos de tu vida en los que tu pareja ha intentado convencerte para que le confirmes que dijiste una pequeña mentira piadosa. ¿Por qué lo sospechó? Porque sabía que estabas ocultando algo. Te hizo una pregunta sobre algo para lo que ya sabía la respuesta, solo para ver qué dirías. Llamemos a esto la prueba de la mentira piadosa. Periódicamente, recibirás estas pruebas para comprobar si eres honesto. Si respondes correctamente, la vida será genial. Si fallas, sin saberlo, le has dado permiso a tu pareja para que sea cautelose y realice pruebas adicionales, llegando incluso a revisar tu teléfono y tu correo electrónico. Básicamente la has cagado. Trata de usar un mejor juicio en la relación.

Necesitas convertirte en un libro abierto.

Al contarle todo a tu pareja, te conviertes en un libro abierto. Si tu pareja se siente insegure por cualquier motivo y no tienes nada que ocultar, ser un libro abierto es la forma más rápida de recuperar la confianza en la relación. Permite que tu pareja acceda a tu teléfono y correos electrónicos. Esto le dará tranquilidad a tu pareja. Resolverá cualquier preocupación. Si haces esto, recuperarás tu libertad.

Una lección que debes guardar en tu cabeza: está mal hacer algo que no harías si tu pareja estuviera en la misma habitación. En otras palabras, si tu pareja estuviera a tu lado, ¿le enviarías un mensaje de texto a esa otra persona? Si la respuesta es no, entonces está mal, y has cruzado un límite y te has movido al área gris de engañar. ¿Estás enviando mensajes de texto coquetos a una persona del trabajo, dando información privada a otros o manteniéndote en contacto con un ex y tu pareja no lo sabe? Entonces detente. Todo lo que estás haciendo es violar la confianza y perderás tu libertad.

Hablemos de otro tipo de confianza. Cuando completas una tarea como la plomería, la remodelación o el trabajo en el automóvil , comprende que tu pareja te está observando y que estás ganando estrellas y generando confianza al completar estos proyectos. Cuanto más complicado sea el proyecto, más estrellas ganarás. Por otro lado, cuando no completas el proyecto o haces un trabajo descuidado, ¿adivina qué? No hay estrellas para ti, y pierdes la confianza de tu pareja a pesar de completar la tarea. Tu pareja incluso te dirá "No puedo confiar en ti" o te sugerirá "¿Por qué no contratas a otra persona para que haga el trabajo?". Cuanto más tiempo permanezcas sin terminar un trabajo, más cuestionará tu pareja tu capacidad para hacerlo. Lo que es una locura es que la mayoría de la gente no equipara los problemas de confianza con los proyectos incompletos. Cuando digas que vas a hacer algo, hazlo. Más importante aún, complétalo. Conviértete en une triunfadora. Esfuérzate por hacer un gran trabajo para que tu pareja pueda confiar en ti.

BOTÓN DE REINICIO
Hay esperanza
BOTÓN DE REINICIO
Vaya, solo tomó 25 años recuperar a mi hombre

PARTE 3:
REINICIAR PARA RECUPERAR TU RELACIÓN

HERRAMIENTAS DIARIAS PARA EL EQUILIBRIO DE LAS RELACIONES

Amor
Peso
Estrés
Amistad
Trabajo
Límites
Creencias

Argumentos
Cuestionar
Apreciación
Temperamento
Malos hábitos
Estilo de vida
Mentiras blancas
Pasatiempos y deportes
Responsabilidades compartidas

Capítulo 7:
Herramientas diarias para el equilibrio de las relaciones

Has escuchado la famosa cita de Albert Einstein: "Locura es hacer lo mismo una y otra vez y esperar resultados diferentes". No estás loque, así que ahora es el momento de cambiar las cosas que estás haciendo para que puedas obtener un resultado diferente, mejor, para tu relación.

Ahora que has llegado hasta aquí, comencemos el proceso de restablecimiento. Pero antes de sumergirnos en las herramientas, date un descanso por un momento. Sal a correr, medita... haz lo que sea necesario para dejar de lado el estrés, los pensamientos negativos de tu pareja o simplemente estar enojade. Date un respiro, para que puedas volver a estas herramientas renovade y con una perspectiva positiva.

Esta es la parte que estabas esperando: las herramientas para arreglar tu puente. Dónde comenzar a reparar los cuatro pilares de tu pareja ahora debería ser bastante sencillo. Este capítulo te brindará algunos ejemplos de problemas diarios, una lista de preguntas para que tú y tu pareja las consideren, además de las herramientas para la mejora práctica.

Este capítulo trata temas de alto nivel. Para obtener más ejemplos, herramientas y consejos, ve a www.youarerightimwrong.com.

Las preguntas son una oportunidad para ese momento ¡aja! Es posible que te sorprendan (y fascinen) tus respuestas y las de tu pareja. Recuerda, las preguntas son una prueba de la realidad para descubrir más le une del otre, no juzgar al otre. Ya sea que tus respuestas y las de tu pareja sean buenas, malas o indiferentes, y estén de acuerdo o en desacuerdo, las preguntas los ayudarán a comenzar en la misma página. El objetivo aquí es arreglar o mantener mejor su puente.

Si comienzas a sentirte heride y resentide por los comentarios de tu pareja, da un paso atrás y vuelve a revisarlos más tarde. El hecho es que cuando se abordan algunos de los problemas cotidianos, puede surgir resentimiento y dolor del pasado. Esto es parte del proceso de reparación. Tienes que reconocer y arreglar el pasado para poder avanzar hacia una mejor relación en el futuro. Abórdalos uno a la vez hasta que estén todos arreglados.

¡Empecemos!

AMIGUES

Ponte en la misma página A una pareja le gustan tus amigues cuando respetan tu espacio. Les amigues también pueden ser necesitades, exigentes, irracionales y egoístes, lo que hace que a tu pareja no le gusten.

Equilibrio de amistades

**No pueden escribir una historia juntes
si no están en la misma página.**

La amistad enciende la parte del cerebro que te hace sentir bien. Les amigues te ayudan a lidiar con el estrés y a tomar mejores decisiones en la vida. Les amigues te mantienen bajo control. Te mantienen con los pies en la tierra y elevan tu moral.

A una pareja le gustan tus amigues cuando respetan tu espacio, son razonables y divertides, y facilitan que tu pareja los acepte. Les amigues también pueden ser necesitades, exigentes, irracionales y egoístes, lo que hace que a tu pareja no le gusten. Con suerte, no tienes el tipo de amigues que llaman en horas incómodas y esperan que dejes lo que sea que estés haciendo para hablar con elles.

Si no tienes cuidado, les amigues tienen la capacidad más significativa de destruir una relación. ¿Por qué? Debido al vínculo y la confianza que se han construido a lo largo de los años. Les amigues pueden hacer que tu pareja cuestione tu juicio sobre decisiones difíciles. Tomar el consejo de une amigue sobre el de tu pareja es buscar problemas.

Del mismo modo, observa la cantidad de ropa sucia que compartes con tus amigues. Es natural pedir consejo a les amigues. Pero demasiados amigues y demasiadas voces pueden ser peligrosas para tu relación, especialmente en temas que deben mantenerse privados.

Entonces, ¿deberías competir con mejores amigues? No, no deberías. Aceptas y te aseguras de estar en sintonía con tu pareja sobre cómo deben coexistir les amigues. Pero a veces las amistades se desequilibran o cruzan fronteras. Si esto sucede, está bien hablar con tu pareja y decirle: "Tú tienes razón, yo estoy equivocade".

Preguntas para ti y tu pareja:

¿Te gustan mis amigues?

¿Nos comprometemos con la cantidad de tiempo que pasamos con amigues por teléfono o en persona?

¿Tenemos límites establecidos sobre la cantidad de información que compartimos con amigues sobre nuestra relación?

¿Nuestros amigues alguna vez superan nuestros límites? ¿Nos obligan a hacer cosas de las que nos arrepentimos?

¿Alguno de nuestros amigues se muestra demasiado necesitade?

¿Nuestros amigues se involucran demasiado en nuestra vida personal?

¿Aparecen nuestros amigues de forma inesperada? ¿Alguna vez deseaste que no lo hicieran, pero no dijiste nada o pusiste excusas para ello?

¿Nuestros amigues se aprovechan de nosotres, individualmente o en pareja?

¿Alguna vez le decimos a nuestros amigues que no?

¿Crees que nuestros amigues nos dan malos consejos?

¿Crees que nuestros amigues pueden ser males o vengatives?

¿Crees que podemos dejar ir a les amigues que no son buenes para nuestra relación? ¿Crees que priorizamos nuestro compromiso mutuo antes que el compromiso con nuestras amistades?

HERRAMIENTA PARA EQUILIBRAR LAS AMISTADES: MISMA PÁGINA

Cuando se trata de amigues, el problema real es que una pareja puede sentir que siempre está compitiendo con tus amigues, ya sea en tiempo o atención. Esto puede crear resentimiento dentro de la relación.

Lo segundo que ocurre es si a tu pareja no le agradan o no acepta a tus amigues. Les amigues de toda la vida también pueden sentir que están compitiendo con tu pareja. Podría significar que tu pareja quiere que elimines a tu mejor amigue, o que tu amigue quiere que salgas de la relación si se siente amenazade. Eso trae drama a tu relación.

La herramienta "Misma página" es una forma de sacar a la luz los problemas de tu amigue con tu pareja, así como hacer que tu pareja se abra sobre tus amigues. Tu pareja, después de todo, debería ser tu mejor amigue. Una vez que comprendas los problemas reales, es tu trabajo eliminarlos.

ACCIÓN A SEGUIR
COMUNICARSE
CÓMO ENCAJAN LES AMIGUES

Es hora de redefinir las amistades. Ambas partes deben ser claras y reconocer cómo les amigues encajan en la relación, cuánto tiempo deben pasar con les amigues y qué tan involucrado debe estar uno. También es importante comunicar lo importante que es la amistad y le amigue. Si es une amigue lo que deseas y necesitas, tú y tu pareja pueden buscar un compromiso y estar en la misma página con las reglas.

Ponerse en la "Misma página" también es comunicar cuando sientes que tu pareja ha cruzado la línea y ha ido demasiado lejos con une de tus amigues. No digas nada hasta que les dos estén solos. En privado, discute por qué sucedió y llega a un acuerdo de cómo asegurarte de que nunca vuelva a suceder.

Establecer reglas con amigues es una parte fundamental de la herramienta "Misma página". Establecer reglas es fundamental cuando tu pareja piensa que tus amigues han ido demasiado lejos, o piensa que bebes demasiado cuando estás cerca de elles, o siempre llegas tarde a casa cuando sale con tus amigues, o parece que siempre gastas mucho dinero, o tu personalidad cambia para peor.

Establecer reglas es necesario si hay un historial de que tus amigues sienten que pueden visitar en cualquier momento o que su opinión es importante cuando se trata de tu pareja. Cuando los amigues cruzan una frontera, ¿son realmente amigues con los que necesitas relacionarte? Comprende que es tu trabajo, no el de tu pareja, mantener a raya a tus amigues. En otras palabras, tienes que convertirte en le male, no tu pareja.

Si tus amigues están insultando o no tienen respeto por tu pareja, eso debe terminar. Comprende que les amigues realmente no tienen voz en tu relación. No es su lugar para comentar o emitir juicios. Sólo hay una solución. Debes defender a tu pareja y hacerles saber a tus amigues que no puede volver a suceder o que la amistad se acabó. Cuando le faltan el respeto a tu pareja, te faltan el respeto a ti.

Cuando estás sobrecargade en tu horario de trabajo y en tu vida, y tu pareja ha pasado poco tiempo contigo, ¿cómo puedes esperar que quieran que pases tiempo con tus amigues cuando has sido descuidade? Está bien cancelar tu juego de bolos semanal cuando tu ancho de banda es bajo. Les verdaderes amigues lo entenderán. Piensa en les amigues como si tuvieran tiempo asignado. Se justo y recuerda "Tu pareja primero"

Manejo de hábitos

Los hábitos son como una cama cómoda.
fácil de entrar pero difícil de salir.

Definamos dos tipos de malos hábitos: acción y actitud. Todo el mundo tiene malos hábitos y las parejas soportan mucho. Es en esos días sobrecargados cuando los malos hábitos realmente pueden enfurecer a tu pareja.

Los malos hábitos de acción son hábitos que todos conocemos y de los que hemos sido culpables en un momento u otro. Ya conoces el tipo: aseo e higiene regular, comer con la boca abierta o comportamientos irreflexivos como dejar los platos apilados en el fregadero o mover las cosas de tu pareja sin decírselo o les chiques que levantan el asiento del inodoro. Interrumpir a tu pareja en una conversación o decirle que no a las cosas que quiere hacer también pueden ser malos hábitos. Estas son solo algunas de las cosas que pueden hacer explotar la cabeza de tu pareja.

Otro tipo de mal hábito de acción es estar en el teléfono durante períodos prolongados o peor, comer mientras hablas por teléfono, permanecer enganchade a las redes sociales, mirar demasiada televisión o jugar videojuegos cuando tu pareja necesita tu atención.

Los malos hábitos de actitud incluyen no participar en las tareas del hogar, poner excusas de por qué el sexo ha disminuido o no existe, o pensar que siempre tienes la razón. Son las pequeñas cosas como ignorar la voz u opinión de tu pareja o permanecer en silencio durante el desayuno o la cena en lugar de interactuar con tu pareja. Con el tiempo, estas pequeñas irritaciones cotidianas pueden acumularse y convertirse en un gran problema.

Ahora, ¿cuándo empezaste a creer que esos malos hábitos estaban bien? Comprendes la naturaleza humana: si eso que hiciste molestó a tu pareja al principio, te prometo que todavía le molesta ahora; es posible que ya no le escuches. Si los malos hábitos se han salido de control, está bien ser dueñe de ellos y decir: "Tú tienes razón, yo estoy equivocade".

PREGUNTAS PARA TI Y TU PAREJA

¿Tenemos problemas de higiene? ¿Alguna vez nos hacemos la vida menos placentera con mal aliento, cabello en los lugares equivocados, no bañarnos con regularidad, olores desagradables o con ropa sucia?

¿Somos considerades le une con le otre? ¿Hay cosas que hagamos o no hagamos que serían fáciles de abordar? Ejemplos: dejar la tapa del inodoro levantada, dejar la tapa de la pasta de dientes abierta, usar algo y no reponerlo cuando se acaba, interrumpirnos, dejar montones por la casa.

¿Hay algún hábito que me hayas pedido que cambie y que no haya abordado? Ejemplos: quejarme demasiado, ser negative, no participar en las tareas del hogar o manejar problemas en la casa, hablar demasiado sobre el trabajo, pensar que mi trabajo es más importante que el tuyo, dejar de reunirme con amigues o familiares.

¿Tenemos malos hábitos de actitud que debemos cambiar? Ejemplos: procrastinar, llegar tarde con demasiada frecuencia, no prestar atención cuando me pides que cambie un hábito.

¿Hemos tratado de cambiar los malos hábitos que sabemos que nos molestan unes a otres? Si no hemos podido cambiar, ¿cómo podemos hacerlo mejor?

¿Te has aferrado a un mal hábito que me molesta porque para ti no es un problema?

Si me pides que deje de hacer algo, ¿puedo dejar de hacerlo?

HERRAMIENTA PARA GESTIONAR LOS HÁBITOS: VAMOS

Empieza por hacer una lista de los malos hábitos que deseas cambiar. La realidad es que, si estás haciendo algo que molesta a tu pareja, ¿por qué no intentarías hacerlo mejor? Los malos hábitos requieren un esfuerzo para cambiar, e incluso puede parecer difícil, pero no es imposible. La herramienta Vamos dice: "Eres inteligente. Descúbrelo. Sabes lo que molesta a tu pareja. Ahora haz el esfuerzo de cambiarlo".

ACCIÓN A SEGUIR
COMPROMISO
DEJAR IR. UTILIZA LA REGLA DE LOS 21 DÍAS Y COMIENZA A ELIMINAR LOS MALOS HÁBITOS QUE VUELVEN LOQUE A TU PAREJA.

Usemos la regla de los 21 días para eliminar tus malos hábitos. Es esa vieja regla que dice que si aplica un nuevo comportamiento durante 21 días, se convierte en una norma. Escribe recordatorios. Coloca post-its en un espejo o un aviso de calendario para recordarte que debes mantenerte bajo control. Piensa en formas prácticas de eliminar la tentación de tu camino. Si pasas demasiado tiempo en el teléfono, guárdalo en un cajón durante la cena, fuera de la vista, fuera de la mente. Piensa en tu progreso todos los días durante 21 días y ajusta lo que aún no funciona. Después de 21 días de esfuerzo, debería convertirse en la norma si eres fiel al ejercicio.

Comprende que cuando estés ocupade o cansade, tus malos hábitos volverán. Cuando esto suceda, ponlos bajo control y reinícialos. El objetivo aquí es eliminar tantos malos hábitos como sea posible. Con un enfoque constante, con el tiempo simplemente desaparecerán.

El sistema de recompensas es un excelente apoyo para eliminar los malos hábitos. El sistema de recompensas más fácil es el que te da tu pareja. Tu pareja puede recompensarte de muchas maneras, como darte rienda suelta para jugar al golf todo el fin de semana con amigues, horas de videojuegos o un viaje con amigues.

Las recompensas deben discutirse, acordarse y honrarse.

Los hábitos basados en una actitud como procrastinar, siempre llegar tarde, no participar en las actividades de la casa o los eventos familiares son injustos para tu pareja. Puedes utilizar la herramienta "Misma página" aquí. Trata de entender por qué haces lo que haces. ¿Eres puramente egoísta y no tienes tiempo para que te molesten? Esto simplemente no es justo y creará una relación desequilibrada. ¿Cómo puedes tener una pareja feliz que te respete cuando no te importa cómo se siente? Crearás una pareja silenciosa con resentimiento, frustración y estrés acumulados.

En última instancia, deseas reemplazar tus malos hábitos por buenos. Hiciste una lista de malos hábitos que quieres cambiar. Ahora, hagamos una lista de los buenos hábitos que deseas tener en su lugar. Hazle saber a tu pareja los buenos hábitos que deseas implementar, como hablar más o discutir los planes juntos con más frecuencia o dejar el asiento del inodoro abajo. Cuando haces lo que dices que harías, tu pareja te avisa para que puedas estar consciente (y te muestra que está prestando atención). Con el tiempo, descubrirás que tus peores hábitos han sido dejados de lado por las intenciones positivas de tus buenos hábitos.

Verificación de pasatiempos y deportes

**Interrumpimos esta relación para traerles
la temporada de fútbol.**

Los pasatiempos y los deportes son una gran escapada mental y una parte necesaria de la vida. Pero los pasatiempos y los deportes pueden hacer que pierdas el conocimiento si te dejas llevar. Estas actividades pueden salirse de control y es injusto para tu pareja. Si dedicas demasiado tiempo a estas actividades y no lo suficiente a tu pareja, es posible que sienta que compite con otra parte de tu vida. ¿Quién quiere jugar a ese juego? Nadie.

Entonces, cuando se trata de pasatiempos y deportes, ¿encuentras un equilibrio? Si dedicas cada momento de tu tiempo libre a pensar en tus deportes o pasatiempos, estás desequilibrade. Lo que es aún peor es cuando puedes recordar todo sobre las estadísticas, los salarios y las fechas de los jugadores, pero olvidas tu aniversario o las fechas de nacimiento de tus hijes o, peor aún, de tu pareja. Esto definitivamente es un desastre y sucede más de lo que crees.

Si tu estado de ánimo se basa en la puntuación final, los deportes pueden estar arruinando tu relación, especialmente si estás más emocionado con un juego que con tu pareja. En realidad.

Entonces, ¿quién está haciendo todas las compras, cuidando de la familia y lavando la ropa mientras averiguas cuál es tu próximo movimiento crítico de fútbol de fantasía? ¡Oh, tu pareja! ¿En serio? ¿Dónde está el equilibrio y el compromiso en esta relación?

**Los pasatiempos y los deportes traspasan fronteras. Si esto sucede, está
bien reconocerlo y decir: "Tú tienes razón, yo estoy equivocade".**

PREGUNTAS PARA TI Y TU PAREJA

¿Equilibramos nuestra relación con nuestra atención a los pasatiempos o los deportes?

¿Alguna vez nos descuidamos une a otre porque los pasatiempos o los deportes consumen demasiado tiempo o energía?

¿Alguna vez renegamos de las tareas del hogar por pasatiempos o deportes?

¿Nos dejamos relajar de forma saludable con nuestros pasatiempos y deportes?

¿Alguna vez nos mentimos unes a otres sobre cuánto tiempo dedicamos a pasatiempos y deportes?

¿Pasamos más tiempo libre con pasatiempos y deportes de lo que el otro sabe?

¿Alguna vez usamos pasatiempos o deportes para desconectar o escapar de la relación?

¿Alguna vez nos obligamos a cancelar eventos deportivos o de pasatiempos? ¿Nos enoja le une con le otre?

¿Esperamos nuestros pasatiempos o deportes más que pasar tiempo juntes?

¿Dejamos que nuestros intereses deportivos dicten nuestro estado de ánimo? ¿Estamos felices cuando nuestros equipos ganan pero deprimides cuando pierden?

¿Pasamos los fines de semana viendo deportes en lugar de pasar tiempo juntes?

¿Alguna vez nos saltamos las obligaciones familiares a favor de un evento deportivo?

HERRAMIENTA PARA VERIFICAR PASATI-EMPOS Y DEPORTES: REALMENTE.

La herramienta "Realmente" es solo eso. Si realmente necesitas ver el juego, entonces realmente debes cumplir con tus responsabilidades comprometidas primero. Si realmente necesitas jugar dos rondas de golf un sábado por la mañana, termina al menos un elemento de la lista de cosas por hacer y luego pídele a tu compañere el pase gratis. Levántate más temprano y completa la tarea, y la libertad será tuya. La herramienta "Realmente" tiene que ver con la multitarea, la gestión del tiempo y la recompensa; es dar y recibir.

Ser capaz de priorizar y llegar a un compromiso con tu pareja es un componente crucial de una relación exitosa. Si consideras que tu pasatiempo y los deportes son una parte importante de tu vida, es fundamental asegurarte de que se satisfagan primero las necesidades de tu pareja. Si los problemas de la lista de cosas por hacer están pasando a un segundo plano en un juego, activa la herramienta "Realmente".

Una excelente manera de comenzar es preguntarle a tu pareja qué es fundamental. Cuando revises esa esa lista junto con tu pareja, vuelve a preguntar si hay algo más. Recordará todas esas pequeñas cosas la segunda vez que las pregunte. El objetivo es conocer todos los pensamientos de tu pareja sobre lo que debe hacerse.

La gestión del tiempo y la planificación anticipada son tus amigues aquí. Organiza y planifica todas las tareas que te ha dicho tu pareja, pensando en todas las herramientas y materiales que necesitas para terminar el proyecto. Cuando vas a la ferretería, obtienes todo lo que necesitas y ahorras tiempo.

ACCIÓN A SEGUIR
HAZ LA PREGUNTA
¿PUEDES ESTAR BIEN SOLO POR UNA NOCHE PARA INVOLU-CRARTE POR UNAS HORAS Y TRABAJAR EN LA LISTA DE TAREAS?

Lo más importante es terminar los proyectos que comienzas. Está bien si deseas realizar varias tareas y comenzar algunos proyectos al mismo tiempo porque tiene sentido, pero todos deben completarse antes de agregar una nueva tarea. Cuando termines, pídele a tu pareja que revise tu trabajo y obtén su opinión. Esto genera confianza y hace que tu pareja se sienta en conexión. Curiosamente, también fortalece tu amor. No subestimes el impacto en tu pareja cuando cambies el pomo de la puerta vieja o pintes la pared del garaje. En mi experiencia, cuando se hacen los elementos más fáciles primero, se genera energía para completar la lista.

Aquí hay otra parte de la herramienta "Realmente". Por cada dos horas que dediques a las listas de cosas que hacer, pide una hora de juego. La herramienta "Realmente" es la gestión del tiempo. Piensa en ello también como una recompensa.

Supongamos que hay 40 elementos en la lista. Esto es lo que yo hago. Escribo la lista y abordo diez elementos fáciles que toman menos de 30 minutos cada uno para completar. Luego, para ese fin de semana, establece un horario para cada elemento. Digamos que comienzas a las 8 a.m., y contra cada elemento, pon el tiempo en el que esperas completarlo. Cuando llegue la hora en que dijiste que ibas a terminar y aun te falta, no te rindas. Termina los diez elementos. En los siguientes diez elementos, intenta mejorar tu programación hasta que la domines.

Cada vez que completes los diez elementos, pídele a tu pareja que los revise. Encontrará problemas, pero está bien. A veces, cuando das un paso atrás, te darás cuenta de que tiene razón. No discutas. Simplemente vuelve a hacerlo, porque a menos que se haga correctamente, no cuenta como hecho.

Para cuando hayas terminado con los 40 elementos completos, puede ser en un mes, pero te prometo que verás una diferencia en la actitud de tu pareja hacia el tiempo de juego.

Entonces, comencemos y permíteme ayudarte a convertirte en une maestre de tu dominio. Al final, te habrás ganado el amor, la amistad, la confianza y, lo que es más importante, tu pareja se sentirá en una verdadera relación.

Equilibra tu trabajo

**No debes buscar la felicidad trabajando a solas.
Porque trabajar sin une compañere es soledad.**

¿Eres adicte al trabajo o tienes una vida laboral equilibrada? Si eres un adicte al trabajo que pasa 80 horas a la semana en la oficina o llegas a casa con ganas de quejarte de tu jefe o de tus molestes compañeres de trabajo, debes saber que las elecciones profesionales a menudo afectan tu relación e incluso las arruinan. Es natural volver a casa y desahogarse sobre el trabajo, lo que significa que hablas tanto de lo bueno como de lo malo. Son las constantes quejas sobre lo malo lo que puede desgastar a tu pareja con el tiempo.

¿Cree que es aceptable anteponer las prioridades laborales a tu relación? Si optas por no participar en actividades en las que normalmente participas con tu pareja, como ir a ver una película, visitar amigues o simplemente disfrutar del tiempo juntos, podrías estar ejerciendo una presión incorrecta sobre la relación.

Si te quedas en la oficina hasta tarde, vas los fines de semana con más frecuencia o llevas trabajo a casa cada vez más, es probable que tu relación se vuelva tensa. Si tienes problemas para separar el trabajo y la vida personal, probablemente entrarás en discusiones sobre personas y proyectos sin siquiera darte cuenta. Si literalmente no tienes nada de qué hablar con tu pareja además del trabajo, existe un problema.

Si tu pareja se siente incómode por tu trabajo y quiere que renuncies, esto podría manifestarse en otras áreas y tu pareja podría volverse menos paciente o más irritable. Si llevas el estrés laboral a casa, es posible que se lo estés transmitiendo a tu pareja en otras áreas. Pelear repentinamente con elle por cosas sobre las que nunca antes habían discutido probablemente no sea una coincidencia.

El trabajo traspasará fronteras. Si dejas que esto suceda, está bien reconocerlo y decir: "Tú tienes razón, yo estoy equivocade".

PREGUNTAS PARA TI Y TU PAREJA

¿Estamos de acuerdo con la cantidad de tiempo y atención que le dedicamos a nuestro trabajo?

¿Alguna vez descuidamos las tareas o responsabilidades del hogar debido a nuestro trabajo?

¿El trabajo controla o ejerce demasiada presión sobre nuestra relación?

¿Tenemos una vida equilibrada en lo que respecta al trabajo y al tiempo familiar?

¿Establecemos límites justos cuando tenemos que traer trabajo a casa?

¿Hablamos demasiado de nuestro trabajo cuando estamos juntos en casa?

¿Alguna vez nos sentimos resentides por trabajar los fines de semana o hasta demasiado tarde en la noche?

¿Nos estresamos por el trabajo cuando no estamos en él? ¿Ese estrés le está robando tiempo y energía a nuestra relación?

¿Alguna vez nos obsesionamos con nuestro trabajo cuando deberíamos disfrutar el uno de le otreo cuando salimos con familiares o amigues?

¿Alguna vez cancelamos las prioridades personales por el trabajo?

¿Alguna vez nos escondemos/enfrascamos en el trabajo en lugar de volver a casa?

¿Nos mantenemos ocupados en el trabajo para que haya poco tiempo para la familia o para los demás?

HERRAMIENTA PARA EQUILIBRAR EL TRABAJO: CUMPLIR TU PALABRA

El trabajo se interpone en el camino de una vida equilibrada porque, en muchos casos, un trabajo o una profesión te hacen sentir imprescindible. Te puede dar ese sentido de propósito y realización que alimenta el ego. El impulso y la habilidad que se necesitan para matar a los dragones pueden ser bastante apresurados. Es fácil dejarse atrapar por el impulso. Ahí es cuando dices que estarás en casa en una hora y de hecho entrarás por la puerta tres horas después.

La herramienta "Cumplir tu palabra" puede ayudarte a mantener el equilibrio en la relación. Refleja tu integridad, compromiso y confianza, demostrando a diario que eres alguien con quien tu pareja puede contar. Se trata de establecer expectativas realistas con tu pareja y luego salir adelante.

ACCIÓN A SEGUIR
TOMAR BUENAS DECISIONES
DURANTE ESTA SEMANA, TRABAJA EN CUANDO DICES QUE VAS A HACER UNA ACTIVIDAD O EN ESTAR EN CASA EN UN MOMENTO ESPECÍFICO. SOLO HAZLO

Empieza con lo que parece muy simple y a la vez, tan difícil: cumplir tu palabra de cuándo estarás en casa. Es fácil. Piensa en cada noche como la noche del Super Bowl, y tienes que llegar a casa a las 6 pm, para no perderte nada. Te prometo que estarás en casa a las 5:30 con anticipación.

Si eres el tipo de persona que pierde la noción del tiempo, configura la alarma en tu calendario laboral, móvil o reloj inteligente. Si todavía tienes dificultades, pídele a tu pareja que te llame para mantenerte encaminade. Lo más importante aquí es cumplir tu palabra.

Cuando estés en casa, apaga el teléfono . Si trabajas con personas que no tienen límites, díles que no llamen después de ciertas horas a menos que sea una emergencia. Si tienes trabajo que completar y tu pareja quiere pasar tiempo contigo, levántate temprano a la mañana siguiente y termina el trabajo.

Depende de ti equilibrar tu carga de trabajo. Algunas empresas son cíclicas. Un trabajo puede tener momentos críticos que pueden afectar tu relación durante un período. Si eso suena a tu trabajo, lo mejor es ser sincere con tu pareja. Cuando termine la crisis, vuelvan a la normalidad. Asegúrate de estar en sintonía con los objetivos mutuos a corto y largo plazo. Si tus planes cambian, compártelos. Pero en todo momento, sea cual sea la situación, cumple tu palabra.

Cumplir tu Palabra significa recuperar el tiempo perdido con tu pareja de otra manera, posiblemente yendo a trabajar temprano o quedándote hasta tarde otra noche, a menos que tengas algunos problemas de administración del tiempo en el trabajo que también deben abordarse.

Adquirir el hábito de aplicar la herramienta de "Cumplir tu palabra" te obligará a cambiar la mentalidad del trabajo hacia la construcción de una relación más positiva. Recuerda que tu pareja te necesita a ti también. Incluso podría mostrarte formas de abordar el trabajo de maneras que sean menos estresantes y más productivas. Solo digo.

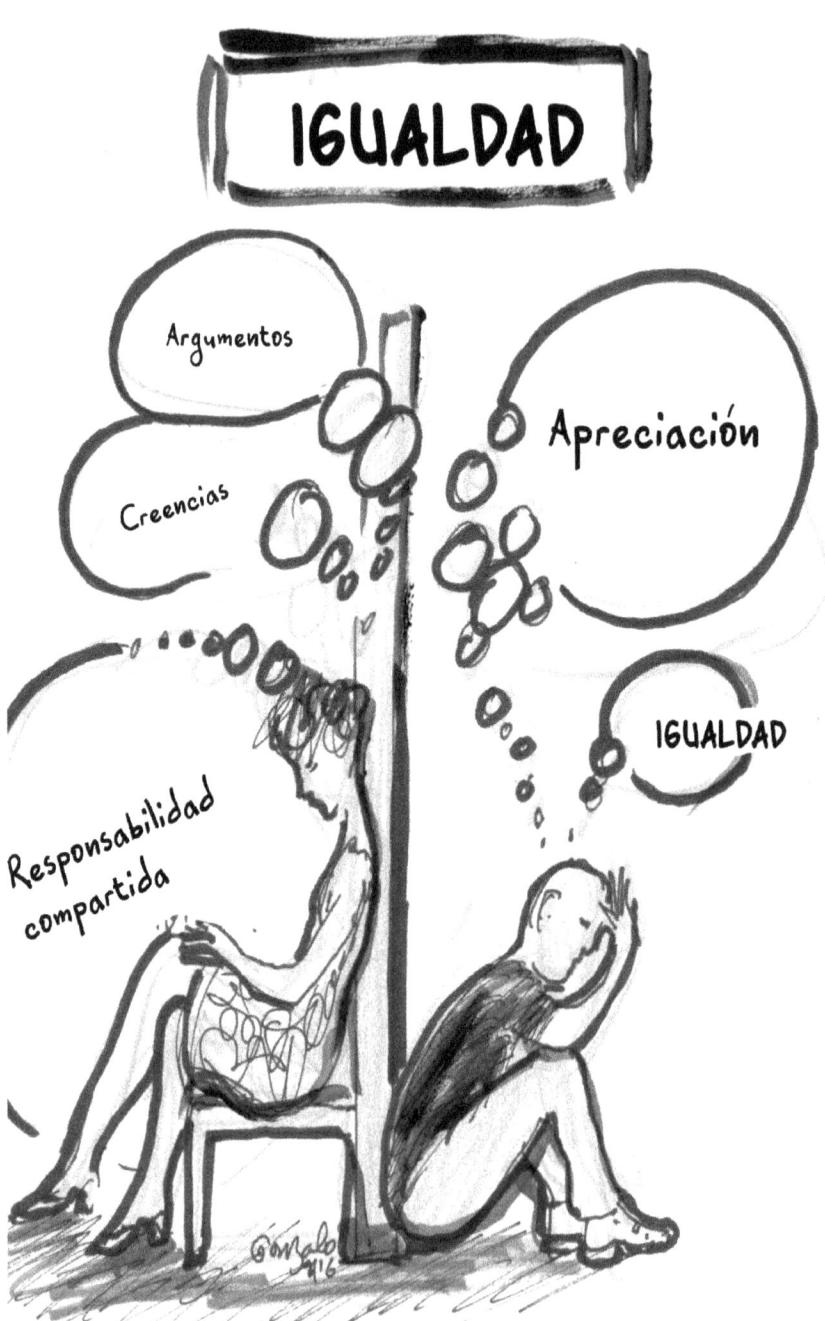

142

Capítulo 8:
Herramientas diarias para la igualdad en la relación de pareja

ARGUMENTOS

Herramienta
Lo siento

A veces, todo lo que tu pareja necesita escuchar es que lo sientes

La conclusión es Tengas razón o no Solo discúlpate

Reduce las discusiones

¿Prefieres tener la razón o prefieres ser feliz?

¿Qué pasa si esta semana le preguntas a tu pareja la opinión sobre todo lo importante, escuchas y utilizas su opinión cuando puedas? ¿Qué pasa si te detienes todas las noches de esta semana y dejas que tu pareja se desahogue y hable sin interrupciones ni juicios? ¿Qué pasaría si hicieras un hoy sí y dijeras "sí" a todo lo que tu pareja quisiera? Si tu pareja tiende a invalidar sus sentimientos cuando está moleste o cuando está discutiendo, es doloroso. No solo eso, tampoco crea una relación muy sana y constructiva a largo plazo.

En las relaciones, las peleas y, ocasionalmente, los debates subidos de tono son normales. Cuando estas peleas se transforman en verdaderas discusiones, pueden salirse de control rápidamente. Hay una gran diferencia entre dejar escapar algo y ser completamente malicioso. No es saludable si se culpan o se rebajan en el fragor de una discusión.

¿Peleas porque tu pareja no cumple con la parte que le corresponde? Las tareas del hogar y las actividades diarias deben abordarse y comprometerse. No hay excusa para desahogar estos problemas en tu pareja.

¿Discutes constantemente sobre temas financieros? Quizás uno de les dos es un derrochadore y le otre es más moderade. Es incluso peor si sus fondos son bajos. Los problemas relacionados con el dinero se citan con frecuencia como la principal razón de la separación. Discutir sobre el dinero significa que no estás en la misma página que tu pareja.

Los asuntos relativos a amigues y familiares crean más discusiones de las que crees posible. Esta área atraviesa muchos elementos emocionales y afecta a las personas de manera diferente. Entonces, cuando a una pareja no le gustan les amigues o la familia de le otreo cree que se involucran demasiado en su vida, es un problema.

Puede llevar mucho tiempo superar los problemas de los celos. Luchar por estos problemas podría causar problemas importantes y traspasar fronteras. Si esto sucede, está bien reconocerlo y decir: "Tú tienes razón, yo estoy equivocade".

PREGUNTAS PARA TI Y TU PAREJA

¿Discutimos demasiado?

¿Alguno de nosotres suele dominar la discusión?

¿Generalmente terminamos discutiendo después de que uno de nosotres toma una decisión?

¿Nos sentimos menos conectados de lo que nos gustaría antes o después de discutir?

¿Discutimos sobre temas tontos?

¿Discutimos porque uno de nosotres no está tanto en casa como le gustaría a le otre?

¿Discutimos porque uno de nosotres ayuda menos que le otre?

¿Discutimos sobre gastar demasiado dinero o gastar en cosas en las que no nos hemos puesto de acuerdo?

¿Discutimos por tener muy poco romance en la relación?

¿Discutimos por satisfacer nuestras necesidades?

¿Discutimos sobre los malos hábitos de le otre?

¿Discutimos sobre problemas con familiares o amigues?

¿Discutes sobre cuánto tiempo pasa en su trabajo?

HERRAMIENTA PARA REDUCIR LAS DIS-CUSIONES: LO SIENTO

Decir "Lo siento" ayuda en gran parte a sanar la desconexión y el dolor que conlleva la discusión. La clave del significado es recordar que no te estás disculpando por haberte equivocado. Te disculpas por no estar en la misma página.

¿Sabes algo más importante que poder volver a casa con una pareja que te quiere allí? Suponer que, si discutes demasiado, tal vez tu pareja no te quiera tanto como crees. Entonces, hazte esta pregunta: ¿Discuto demasiado?

¿Te parece tener todas las respuestas y crees que siempre tienes la razón? Si es así, eso significa que también piensas que tu pareja siempre está equivoca-cade. Todo esto lo que hace es darle a tu pareja una razón para desconec-tarse. Intenta recordar dónde pensaste que tenías la razón, sólo para descu-brir que la elección de tu pareja era la mejor. He desarrollado una habilidad para detenerme y respirar antes de insistir en mi camino. En muchos casos, la decisión de mi pareja fue la correcta.

ACCIÓN A SEGUIR
RESPONDER LA PREGUNTA
¿REALMENTE NECESITAS TENER LA RAZÓN?
¿DE VERDAD?

Comprender que puede haber más de una forma de abordar una tarea difícil es una habilidad. En caso de duda, recuerdo preguntarme: ¿Preferirías tener razón o preferirías ser feliz? Recuerda decir "Lo siento" cuando las cosas vayan demasiado lejos. Es una herramienta fácil y puede hacer maravillas.

Responder a la ira con más ira aumenta la tensión y dificulta la solución de cualquier problema. Simplemente empeora la situación. Por lo tanto, no pases de una conversación a una discusión sin propósito. Si la siguiente se sube de tono, dile a tu pareja que necesitas tiempo para calmarte y continuar una conversación racional. Se trata de aprender a tener el control.

Lo peor es discutir con tu pareja en público. Puede ser humillante para cualquier persona y simplemente está mal. Nunca le levantes la voz a tu pareja en público. Acepta manejar cualquier cosa negativa en privado. Explícale eso a tu pareja y mantenlo. Es posible que desees aceptar utilizar el contacto visual o el lenguaje corporal para indicarle que hay un problema. Esto mantiene las cosas bajo control y abiertas a una discusión más adelante en privado.

Comprende que cuando se trata de discutir, debes elegir tus batallas. El éxito en las relaciones es abordar los problemas desde la perspectiva de que se debe dar y recibir en temas importantes.

En medio de una pelea, puede ser fácil recaer en el mismo argumento. Decir cosas como "tú siempre" o "nunca" sólo intensifica la discusión. Da un paso atrás y considera el argumento desde el punto de vista de tu pareja. Si tu pareja está firme con un tema y puedes cambiarlo de dirección, pero el orgullo se interpone en el camino, simplemente déjalo ir y ríndete. Dormirás mejor.

Tener orgullo puede ser grandioso, pero el orgullo también mata las relaciones. Crea una brecha entre tú y tu pareja que destruye la intimidad, debilita la confianza y niega la paz con elle. Estoy anonadade de cómo nuestros cerebros pueden hacer que cosas increíbles parezcan reales hasta el punto de que se conviertan en realidad. Por ejemplo, cuando les cuento a mis amigues que cuando llego a casa, siempre trato de poner metafóricamente mis cojones en el armario, dicen: "De ninguna manera, no sucede". Lo que esto significa es que dejo mi ego en la calles, para que no se interponga en la conexión con mi pareja. Llego a casa humilde, respetuose, amorose, cariñose y sin la necesidad de abusar y discutir o tener razón cuando se trata de mi pareja. Ah, y como es una metáfora, los cojones se pueden aplicar a cualquier género.

Ya sabes el dicho, ¿lo que pasa en Las Vegas se queda en Las Vegas? Todo lo que diga tu pareja durante una pelea ahí debe quedarse. Si las palabras dichas durante una pelea te molestan al día siguiente, date un respiro en lugar de acercarte a elle de nuevo tan pronto. Sacar a relucir una discusión con demasiada frecuencia puede llevar a una conversación en círculos, no a una solución. Aborda la conversación con la herramienta "Lo siento".

CREENCIAS RESPETO

RESPETAR EL ESPACIO DE CADA QUIEN

Valores

Sexual

Crianza de la familia

Unir creencias

**El mejor sentimiento en el mundo
es ser querido por lo que eres**

Las relaciones no son fáciles cuando se trata de unir creencias, pero el amor es una locura. Aun así, la fe, las opiniones políticas o perspectivas morales diferentes pueden desafiar la relación, incluso de la pareja más comprometida.

Cuando hablamos de creencias, a simple vista, parece ser un tema pequeño. Pero es uno de los más críticos porque cubre una amplia gama de temas. ¿Has cruzado la línea discutiendo y ofendiendo las creencias de tu pareja? Cuando esto suceda, elle le hará saber que ha cruzado esa línea. Lo que hagas a partir de aquí es fundamental.

Este mundo político puede estar fuera de control. Lanzar tweets o comentarios en las redes sociales es una cosa, pero una vez que cruzas el límite en tu propia casa, la realidad es que es un problema.

Estar con una pareja cuyas opiniones religiosas son diferentes a las tuyas puede volverse estresante y abrumador si lo dejas. Para construir una unión sólida, es necesario participar activamente en la vida de los demás, especialmente cuando se trata de tradiciones. Si optas por no participar en esas costumbres esenciales, no solo alejarás a tu pareja; podrías crear una división entre les dos.

Respetar las creencias de tu pareja es fundamental. Las únicas relaciones que perduran son aquellas que continúan creciendo y desarrollándose y adquiriendo respeto hacia las metas y creencias individuales de cada persona. Toma el tiempo para celebrar le une al otre y encontrar la diversión en sus diferencias. La diferencia puede convertirse en descubrimiento y hacer que compartir creencias sea agradable.

**Las creencias traspasarán fronteras. Si dejas que esto suceda, está bien
reconocerlo y decir: "Tú tienes razón, yo estoy equivocade".**

PREGUNTAS PARA TI Y TU PAREJA

¿Respetamos nuestras creencias? ¿Nos respetamos por igual?

¿Pensamos (quizás en secreto) que une de nosotres tiene más razón que le otre?

¿Nos respetamos el derecho de tener una opinión diferente a la de le otre cuando las creencias son el centro del tema?

¿Alguna vez forzamos a le otre con nuestras diferencias de creencias?

¿Tratamos de encontrar puntos en común cuando nuestras creencias difieren?

¿Hablamos de las cosas cuando nuestras diferencias de creencias se vuelven un problema?

¿Respetamos nuestras creencias religiosas o espirituales?

¿Respetamos nuestras creencias políticas?

¿Respetamos el método de le otre para administrar las finanzas de la familia?

¿Nos apoyamos las ideas y los sueños que provienen de nuestras creencias?

¿Dejamos que el otro comparta creencias con amigues y familiares?

HERRAMIENTA PARA UNIR CREENCIAS: RESPETO MUTUO

Está bien si tu pareja tiene creencias sólidas, completamente diferentes a las tuyas. Cuando se trata de religión, política, niñes y cómo debería funcionar el mundo, la relación es más fácil cuando se está en la misma página. Cuando no es el caso, esto puede agregar presión y tensión a cualquier relación, y es necesario utilizar la herramienta de Respeto Mutuo. Permite que tu pareja tenga un punto de vista diferente sin odio ni resentimiento. La comunicación es clave y el sabio refrán: aceptar no es estar de acuerdo.

Con el mundo cambiando a un ritmo rápido, muchas conversaciones en línea y fuera de línea parecen estar centradas en la política o la salud. Las diferencias, especialmente en el foro público de las redes sociales, no suelen celebrarse. Puede llegar un momento en que las creencias de tu pareja sean atacadas por otros. Si ese es el caso, debes alzarte para defenderle y protegerle.

ACCIÓN A SEGUIR
COMPROMISO
DEJA DE JUZGAR. RESPETA LA
OPINIÓN DE TU PAREJA

Cuando hablas acerca de tus puntos de vista u opiniones, no trates de expresarlos sólo porque lo necesitas o deseas. Eso está mal. Tu pareja tiene derecho a emitir su opinión. Gran parte del mundo ha olvidado que todos tienen derecho a tener su propia opinión. Si quieres hablar con tu pareja sobre diferentes creencias, entonces debes formular las conversaciones desde una posición de respeto y curiosidad sincera por el tema.

Permítele a tu pareja expresar sus pensamientos y sentimientos de manera abierta y honesta. Sin juzgar, no ridiculeces ni rechaces a tu pareja por diferencias en las creencias y, lo más importante, evita acercarte a elle con la mentalidad de que vas a cambiar sus pensamientos. Si lideras una conversación con "¿Cómo es posible que pienses ...?", Fallarás.

El mayor problema que puede enfrentar una relación es la falta de comunicación. Tienes que ser une oyente activo sin pelear. El objetivo es mejorar el entendimiento. La escucha activa requiere esfuerzo y concentración, y sabes que lo haces bien cuando le prestas atención a tu pareja sin distracciones ni juicios y respondes sin sentir que tu presión arterial se dispara. La capacidad de expresar una diferencia de opinión es vital. Respetar su punto de vista, y obtener respeto a cambio, es lo que hace girar el mundo.

Las parejas que se comunican activamente pueden soportar la tormenta con desacuerdos importantes. Cuando no estés de acuerdo con tu pareja, aplica la herramienta Respeto Mutuo. Si no lo haces y constantemente oprimes sus puntos de vista, la relación se destruirá por sí sola.

APRECIACIÓN

Soy idiota

Trabajo, estrés no hay pase libre. Todavía necesitas ayudar a tu pareja en la casa

Son las pequeñas cosas las que importan

VENICE

Olvidar hacer algo que prometiste

Mostrar agradecimiento

Si no les demuestras tu agradecimiento cuando se lo merecen, dejarán de hacer las cosas que aprecias.

A todes nos gusta ser apreciades, especialmente por los que amamos. El aspecto más importante de la satisfacción de una pareja es el aprecio. Las parejas que se aprecian a diario por todas las pequeñas y grandes cosas que hacen eventualmente desarrollan una cultura de gratitud dentro de su relación. En una relación es común tener momentos en los que las parejas no expresan su agradecimiento debido a que se sienten sobrecargados por el trabajo, la salud o el estrés. La vida se vuelve ajetreada, solemos ocuparnos con nuestras tareas y los hábitos se convierten en la norma.

La falta de agradecimiento en las relaciones genera resentimiento y es injusto para la relación. Básicamente es una calle de sentido único. No es necesario hacer una gran producción cada vez que uno de les dos maneja la lista de tareas pendientes o cualquier otra cosa. Pero, ciertamente es agradable cuando se agradece. Cuando los sentimientos de una pareja pasan de querer cuidar al otro a que elle espere que le cuiden, esa falta total de aprecio crea resentimiento.

Señales de que la falta de aprecio pesa en tu relación: si tu pareja nunca dice "gracias", nunca pide tu consejo u opinión, hace planes sin preguntarte, no hace lo que le corresponde, no hace nada en ocasiones especiales, no se esfuerza por ser romántique, es infiel, no te pregunta sobre tu día, no toma en cuenta tus sentimientos, va y viene cuando le place, o lleva amigues a cenar sin preguntarte o se compromete a un evento familiar sin consultar.

No demostrar aprecio indica que la pareja se da por sentada. Si tú eres quien ha olvidado que el aprecio es una forma de mostrar tu amor todos los días, está bien reconocerlo y decir: "Tú tienes razón, yo estoy equivocade".

PREGUNTAS PARA TI Y TU PAREJA

¿Nos damos las gracias tanto por las cosas pequeñas como por las grandes?

¿Sabemos de qué está más orgullose le otre y qué es lo que más quiere que se le agradezca?

¿Nos preguntamos cómo ha ido el día?

¿Esperamos una muestra de aprecio cuando nos ayudamos mutuamente? ¿La recibimos?

¿Tomamos decisiones sin consultarlo entre nosotres?

¿Nos desconectamos cuando hablamos entre nosotres? ¿Nos escuchamos realmente?

¿Nos decimos "no" con más frecuencia de lo que decimos "sí"?

¿Nos felicitamos regularmente?

¿Nos pedimos consejo mutuamente?

¿Le consultamos a le otre cuando hacemos planes?

¿Salimos con frecuencia soles o con amigues, dejando al otro en casa?

¿Cumplimos ambes con nuestra parte de tareas y labores?

¿Estamos presentes cada uno en los eventos familiares?

¿Nos esforzamos ambes por ser románticos?

¿Vamos y venimos como nos plazca? ¿Estamos al tanto de nuestros horarios?

HERRAMIENTA PARA MOSTRAR AGRA-DECIMIENTO: SOY UNE IDIOTE

¿Le agradeces a tu pareja por todo lo que hace por ti, o lo das por sentado? ¿No estás segure? Escribe una lista de todas las cosas que elle hace por ti a diario, como las tareas domésticas, las cenas, preparar el café por la mañana, hacer la compra, lavar la ropa, ganar dinero para pagar las facturas, llevar el auto al servicio, agendar las citas médicas, entre otras cosas. Luego, pídele que se asegure de que no te has olvidado nada. Es muy posible que existan muchas cosas que hace tu pareja de las que no eres consciente.

Haz que tu pareja haga la misma lista de cosas que haces por elle y por tu familia. Ahora comparen las listas. Si tu pareja lleva más carga, Houston, tienes un problema. En la mayoría de los casos, la lista de cosas que tú haces ni siquiera se comparará con la de tu pareja. Aquí es donde entra en juego la herramienta Soy un Idiota.

Decir "gracias" parece ser la forma más sencilla y obvia de mostrar gratitud a tu pareja, pero rara vez se hace. Así que si no estás haciendo tu parte, reconoce "Soy un Idiota" y agradécele a tu increíble pareja. Más importante aún, activa un poco la energía "Yo me encargo" y empieza a hacer lo que te corresponde.

ACCIÓN A SEGUIR
TOMAR BUENAS DECISIONES
DEMUESTRA AMOR Y AFECTO DIARIAMENTE. EMPIEZA CON UN BESO O UN CAFÉ EN LA CAMA

Puedes empezar a mostrar más aprecio dejando notas dulces. Escóndelas donde tu pareja pueda encontrarlas fácilmente: en el tablero del auto , en el espejo del baño o en su almohada. Es increíble cómo una pequeña nota de amor o una llamada telefónica sin previo aviso diciéndole lo mucho que le quieres puede alegrarle el día. Esto es lo que mantendrá encendida la llama de la relación.

Si tu pareja ha tenido una semana difícil, ponte un paso adelante con "Yo me encargo", significará mucho. Regálale unas horas de tranquilidad para que se relaje en el baño o se acurruque con un libro. Ocúpate de hacer las compras, cocinar, lavar los platos de la cena y ayudar a les niñes con la tarea.

Puedes decir gracias con regalos: flores o una romántica cita nocturna, todo planeado por ti, con el teléfono bien guardado durante la cita. Sorprende a tu pareja con algo que vio y le encantó pero que no se haya comprado. Además, nunca olvides su cumpleaños o el día de San Valentín sin una tarjeta, flores o cualquier otra cosa con la que puedas sorprenderle. Cuando la gente da excusas diciendo que no es importante, no es cierto. Son sólo unos días al año. Tienes la oportunidad de demostrar que estás agradecide, y simplemente funciona. Ninguna pareja dirá que no a la gratitud.

También puedes añadir un Hoy Sí a tu rutina. El Hoy Sí funciona de la siguiente manera: sea el día que sea y lo que tu pareja te pida, tienes que decir "sí". Entonces, crea un acuerdo sobre los límites de las "peticiones" en las que ambes puedan estar de acuerdo. Luego de la primera ronda de ambes, puede actualizarse. Para empezar, digamos que el primer sábado de cada mes es el Hoy Sí. Luego se alterna con tu pareja, y elle tiene su día. Ahora es tu turno de decir que sí a lo que te pida tu pareja durante todo el día.

Este Hoy Sí es genial en muchos niveles. Para ese día, se satisfacen los deseos de tu pareja, especialmente aquellos a los que generalmente no accedes. Dicho esto, aunque pueda ser difícil para la otra pareja, mira el lado positivo. Por un día cada mes, tu pareja se sentirá muy bien. Este ejercicio reaviva la relación porque satisfacen los deseos de la pareja.

Normalmente la primera reacción a las peticiones es decir "no", por lo que su primer intento de un Hoy Sí puede suponer un reto para la relación. Pero piensa en esto por un momento. Se trata de la pareja a la que quieres y te importa, y tiene un deseo que le hará feliz. ¿Por qué ibas a negárselo? Te prometo que si los deseos de tu pareja empiezan a ser satisfechos, te amará más.

El Hoy Sí es una oportunidad para que cada miembro de la pareja comprenda qué es lo que le hace feliz. También te permitirá tener un panorama de lo que tu pareja siente que le falta. Le permite a la pareja satisfacer sus demandas de una manera agradable. Además desafía a la pareja con lugares a los que nunca irían. Al final, es posible que incluso noten que pueden divertirse con algo que nunca habrían intentado.

Compartir responsabilidades

Si piensas que el lugar de tu pareja está en la cocina, recuerda que es ahí donde se guardan los cuchillos.

Una relación, por definición, significa un compromiso en conjunto. Las parejas no son perfectas, pero deben sentirse estables, ser leales y estar dispuestos a trabajar juntos. Si esas cualidades parecen ser difíciles de conseguir, generará resentimiento.

Compartir responsabilidades: a simple vista, dos palabras razonables y sencillas. Pero si se retiran las capas de la cebolla, muchas peleas, divorcios, infelicidad y resentimiento surgen de esas dos palabras.

Los problemas vienen de que uno de les dos desea que le otre se involucre más en la relación. No importa que seas le presidente de una empresa y tengas que viajar todo el tiempo. Por supuesto, puedes justificarte con que es tu trabajo brindar apoyo financiero a la familia. Pero si eso significa que no estar presente en la relación, ni todo el dinero del mundo hará que a tu pareja le importe. Lo que le importa es ver que realmente estás presente en la relación: mente, cuerpo y alma.

Si tu modo de compartir la responsabilidad es pedir ayuda externa, es posible que técnicamente estés haciendo el trabajo. Pero esto no es trabajo en equipo. Si no participas en hacer lo que te corresponde, ni te esfuerzas en lo que respecta a compartir responsabilidades, significa que pones toda la carga sobre tu pareja. Esto es un ejemplo de actitud de derecho que crea resentimiento y desequilibrio en la pareja. El enojo crece.

Cuando compartas un poco las responsabilidades y piensas que es lo justo, ten en cuenta que tu pareja podría verlo completamente diferente. Si no le preguntas a elle, nunca sabrás si ve tu nivel de compromiso como lo justo o como un problema.

Si resulta que has sido poco diligente en el departamento que comparten, está bien reconocerlo y decir: "Tú tienes razón, yo estoy equivocade".

PREGUNTAS PARA TI Y TU PAREJA

¿Tenemos estrés y ansiedad continuamente porque no nos ayudamos lo suficiente?

¿Compartimos la programación de actividades y tareas del hogar?

¿Tenemos listas de tareas pendientes desde hace más de seis meses?

¿Tenemos la misma cantidad de tiempo libre o une de les dos sigue trabajando mientras le otro se relaja?

¿Abandonamos a le otre dejándole una lista interminable de tareas pendientes mientras le otre se desaparece?

¿Nos regañamos mutuamente para que ayudemos más, sólo para recibir una excusa tras otra?

¿Algune de les dos posterga las tareas de la casa?

¿Dejamos lo que estamos haciendo para terminar una tarea cuando le otre nos lo pide?

¿Creemos que las expectativas de le otre son injustas?

¿Nos olvidamos de lo que prometimos hacer?

¿Nos peleamos por el esfuerzo que hace le otre para mantener nuestra relación?

HERRAMIENTA PARA COMPARTIR RESPONSABILIDADES: CÁLLATE Y HAZLO

Toma trabajo ponerse de acuerdo con la pareja y averiguar qué necesita cada une. El objetivo es abordarlo juntos como pareja, no en solitario. Sé la persona inteligente que entra en acción y aplica la herramienta Cállate y Hazlo.

La primera parte de Cállate y Hazlo es el compromiso, y la segunda la organización. Esta es la clave para abordar todas las tareas que tenemos entre manos. Recuerda que las tareas no se tratan sólo de la limpieza. Pagar las facturas, esperar por la compañía de cable, planificar las comidas y comprar los regalos de cumpleaños para los miembros de la familia también son esenciales. Hacer listas de todas las tareas que van surgiendo en las semanas e incluso crear un calendario accesible para todos muestra quién es le responsable. Si uno de los miembros de la pareja se encuentra saturade, le otre debe saber que debe Callarse y Hacerlo. Es una relación, y se necesita un equipo para ganar el juego.

Comprometerse es encontrar una forma justa de compartir las responsabilidades. Como somos adultos, y las tareas hacen que todos nos sintamos como si tuviéramos cinco años, las llamaremos "actividades". Para comenzar, divide las actividades de forma equitativa. Empieza por asignarlas en función de las áreas que se te den bien. El secreto para evitar las mismas discusiones de siempre es completar tu lista. Si une de les dos no está haciendo su trabajo, llámale y elimina su tiempo de juego hasta completar las actividades.

ACCIÓN A SEGUIR
COMUNICACIÓN
TOMA LA INICIATIVA PARA DARLE UN GIRO A LA RELACIÓN.
ASUME PROYECTOS DE TU PAREJA QUE REALIZARÁS
ESTA SEMANA

Hay que tener cuidado a la hora de compartir actividades en función de quién es mejor en una tarea, especialmente cuando se trata de una lista desequilibrada. Si es este es el caso, tu pareja necesita aprender algunas habilidades nuevas. Enséñale cómo picar cebollas, llenar el lavavajillas o a programar el mando a distancia. No critiques ni vuelvas a hacer las cosas porque no te gustó cómo las hizo. Esto sólo hará que tu pareja se retire y no vuelva a hacerlo otra vez.

Luego, organízate y aplica esas técnicas de gestión del tiempo que has aprendido. Por ejemplo, tienes que dedicar una hora de trabajo duro por cada dos horas de juego. La meta es completar la lista de actividades pendientes y, cuando hayas terminado, pedir más. Piensa en ello como: "Es mucho mejor conducir mi auto sabiendo que los frenos realmente funcionan" o "Ay Dios, ahora puedo invitar a mis amigues a casa porque ya no se pueden caer por ese agujero en el suelo del porche".

Crea un calendario donde se defina lo que hay que hacer en la semana siguiente y de qué es responsable cada une. Haz un horario y establece plazos. Fija recordatorios en una aplicación de listas de tareas o coloca en un lugar visible la lista de todos, en la nevera por ejemplo. Si pierdes el enfoque, dile a tu pareja que puede hacer mucho ruido hasta que se complete. Lo justo es justo. Si une de les dos se enferma o su horario no le permite cumplir las actividades, será el único momento en el que le otre podrá darle una mano. Tú sabrás cuándo es justo o no. Propón una manera de inspección mutua y, en caso de duda, Cállate y Hazlo.

Capítulo 9:
Herramientas diarias para la seguridad de la relación

AMOR ESPERANZA

besa a tu pareja al despertar

aseo e higiene

VITO'S

STOP

Tener una copa de vino o la cena esperando cuando llegue a casa. Tomarse de las manos

Lleva a tu pareja a una cita

Llévale café a tu pareja a la cama

Sentirse amade

Todas las cosas grandiosas son simples y pueden contenerse en una sola palabra: esperanza.

Hazte cargo de tu pareja y empieza a aportar seguridad a la relación. Todo esto es cosa tuya. Solamente tú puedes marcar la diferencia si dejas que tus acciones te guíen. Hazte cargo de la relación haciendo que tu pareja sea la persona más importante de tu vida por encima de todes, y eso incluye a tu familia y a les niñes. Hazte cargo de la relación y no permitas que nadie además de tu pareja opine al respecto. Hazte cargo de la relación y permite que la voz de tu pareja sea escuchada. Entiende que cada vez que criticas, degradas, discutes, atacas o lanzas comentarios negativos a tu pareja, esto desgasta y debilita el amor en la relación. Los Cuatro Errores del capítulo 2 pueden ser destructivos para cualquier relación. Si uno o más de estos errores están presentes en tu relación, podrían estar en la vía rápida para sentir que no hay amor, si es que no están ahí ya.

Cada vez que te cierras emocionalmente o te alejas porque no quieres hablar de temas importantes, se crea una distancia en la relación. Esto afecta negativamente al amor en la pareja.

¿Cómo puedes mostrarle amor a tu pareja cuando constantemente estás de mal humor? No puedes. ¿Cómo puedes amar a una pareja que siempre te grita por cualquier motivo? No puedes. Es entonces cuando te retiras como pareja y te conviertes en nada más que un mal compañere de habitación.

Si te identificas con el hecho de sentir poco o ningún amor por parte de tu pareja, te prometo que elle siente lo mismo. En este caso, tú y tu pareja se han perdido el respeto mutuo. La ira, el resentimiento, los sentimientos contradictorios por elle... Este es el punto en el que ambes se cuestionan por qué aún siguen en una relación infeliz.

La falta de amor puede dañar una relación. Si esto ha sucedido y quieres darle la vuelta, reconócelo y di: "Tú tienes razón, yo estoy equivocade".

PREGUNTAS PARA TI Y TU PAREJA

¿Alguna vez no nos sentimos querides porque une de les dos, o les dos, estaba emocionalmente alejade?

¿Nos demostramos amor al hacer cosas que le faciliten el día de le otre?

¿Alguna vez hemos tenido dudas de que nos amamos y estamos comprometides le une con le otre? Si es así, ¿qué hacemos con esas dudas?

¿Nos demostramos amor y aprecio de pequeñas maneras, como llevarle un café o prepararle un baño a le otre que le ayude a relajarse?

¿Hacemos una pausa y escuchamos a le otre cuando lo pide?

¿Cancelamos nuestros propios planes si nos damos cuenta de que deberíamos estar ahí para le otre?

¿Nos abrazamos y nos besamos de manera casual, haciéndonos saber lo mucho que nos amamos?

¿Sacamos regularmente un tiempo y un espacio privado para el sexo y la intimidad?

Cuando estamos enfadados le une con le otre, ¿nos tomamos un respiro y nos recordamos mutuamente que nos queremos y nos cuidamos, y que eso es lo esencial?

¿Cuidamos de nosotres, y así estar abiertos a recibir el amor que le otre nos ofrece?

HERRAMIENTA PARA SENTIRSE AMADE: ESPERANZA

Tu pareja se comprometió contigo, con la esperanza de que estés allí para siempre. Entonces, ¿Aún siente que estarás allí para siempre? ¿Envías mensajes de que quieres estar allí para siempre, o envías el mensaje de que quieres bajar del barco en llamas antes de que se hunda?

Es hora de volver a lo básico y hacer de tu pareja tu prioridad. La Herramienta de la Esperanza puede ayudar. Convertir a tu pareja en la máxima prioridad es la clave para devolver el amor a la relación. Puedes darle un giro a tu relación simplemente dejando que tu pareja vuelva a sentirse amade

Es así de sencillo, pero requiere sacrificio y dejar de lado lo que se interpone en una relación sana. Se trata de estar en la misma página, dejar el pasado atrás y de recordar que esta relación no se trata solo de ti.

Siéntate con tu pareja y deja salir todo aquello los vuelve loques. Dile que quieres que te ame, que te respete y confíe en ti de nuevo, y que estás dispuesto a mejorar.

ACCIÓN A SEGUIR
HAZ LA PREGUNTA
¿QUÉ VUELVE LOQUE A TU PAREJA? USA LA REGLA DE LOS 3 DÍAS PARA PREGUNTAR.
ENTIENDE QUE NO SE LO ESTÁ INVENTANDO; ES COMO VE LAS COSAS. AL CUARTO DÍA, HÁBLENLO

El momento de aplicar la regla de los tres días es ahora. Funciona así. Recopila la lista de todos los problemas. Deberías tener al menos una o dos páginas de problemas reales. Ahora trata de encontrar maneras creativas para ver si puedes hacer cambios. Te tomará tres días procesar los problemas reales sin juzgarlos. Comprende que tu primera respuesta será "¡de ninguna manera!". Estarás a la defensiva, es la naturaleza humana. Una vez que te calmes, repasa la lista. Deberías ver lo que es razonable. En los temas más complejos, habla con tu pareja y comprueba si pueden llegar a un acuerdo. Así le demostrarás a tu pareja que es una prioridad para ti.

Tienes que mantener tu compromiso. Eso significa mantenerse positive, incluso cuando pasas por altibajos. Aplasta esos pensamientos negativos y recuerda que tus acciones hablarán más fuerte que tus palabras. Tú eres la roca, y tu pareja cuenta contigo, y así es como haces realidad la esperanza. Así que es hora de convertir a tu pareja en una prioridad, no es complicado. Sólo hace falta compromiso.

ESTRÉS

Haz que reducir el estrés de tu pareja sea tu trabajo en la vida

¿Dónde está la cena?

Perdí la noción del tiempo

Olvidé ir a la tienda de comestibles

Olvidé lavar la ropa

Acabar con el estrés

**Por supuesto, puede hacerlo todo por sí misme,
pero une compañere de verdad no lo dejará.**

El estrés está presente en la vida diaria de todes. Entonces, ¿cómo puedes hacer que tu pareja lo afronte de forma positiva y, lo más importante, reducirlo? Los acontecimientos estresantes pueden cambiar la visión que tu pareja tiene, tanto de su mundo y como de sí misme. Puede cambiar sus sentimientos sobre la vida, el trabajo, las relaciones, la seguridad y el futuro. Si estás desconectade, nunca lo sabrás

Si dependes de tu pareja para que se encargue de todas las actividades del hogar, entiende que por defecto, estás añadiendo estrés a su vida. Y lo que es peor, puede que tu pareja esté en un momento de su vida en el que sienta que no puede contar contigo para las cosas más pequeñas e incluso haya dejado de pedírtelo. Para tu pareja, podría ser más fácil y menos frustrante hacerlo sole.

La mayoría de las veces, te sentirás sobrecargade, entonces ¿cómo encajan también las finanzas, la familia, la salud y el trabajo en tu ya ocupada agenda? No lo hacen. Especialmente si une de les dos tiende a llevar la mayor parte de la carga. El estrés también puede provocar un distanciamiento emocional que lleva a la pérdida de intimidad y a la muerte del romance.

Cuando una relación es fuerte y ambes manejan el estrés; la capacidad de recuperarse de una pérdida, trauma, tragedia y otros problemas se le denomina resiliencia psicológica. Cuando la pareja es débil es cuando estas situaciones se convierten en un problema.

Si tu pareja siempre está en ascuas, significa que no has hecho tu trabajo. Si esto ha pasado y quieres y quieres darle un giro, reconócelo y di: "Tú tienes razón, yo estoy equivocade".

PREGUNTAS PARA TI Y TU PAREJA

¿Normalmente aumentamos el estrés de le otre, o lo reducimos?

¿Le sumamos estrés a le otre cuando se trata de manejar todas las actividades del hogar?

¿Qué hacemos para darnos un respiro y relajarnos?

¿Algune de les dos, o ambes tiene problemas de control que aumentan el estrés de le otre?

¿Algune de les dos, o ambes, lucha con problemas de la infancia o sufre de estrés postraumático?

¿Nuestros familiares aumentan nuestro estrés? ¿Si vemos que eso ocurre intentamos reducir el estrés de le otre?

¿Estamos estresados por el estado de nuestra relación?

¿Estamos estresados porque creemos que le otre no está tan comprometido con la relación como antes? ¿Alguno de les dos se ha rendido?

¿Alguno de les dos, o ambes tiene problemas de salud que añaden estrés a la relación?

¿Nos desesperamos siempre porque no podemos hablar sin discutir?

HERRAMIENTA PARA ACABAR CON EL ESTRÉS: ES TU TRABAJO

¿Cuál es el secreto para ayudar a una pareja sobrecargada? Haz que tu trabajo sea reducir la carga para que no se estrese, lo que significa hacer lo que sea necesario. Si te enfrentas a la vida con la mentalidad de que tu trabajo es asegurarte de que tu pareja no se estrese nunca, llevas la delantera.

"Es tu trabajo" es el punto de inflexión para reducir el estrés de tu pareja. Siéntate y procesa lo que te pido y por qué. Luego, comprende lo que implica mantener a tu pareja libre de estrés. Es una gran cosa que pedir, y no puedo contar el número de recompensas de esto. Es el momento de ponerse en marcha con "Es tu trabajo".

Cuando veas signos de estrés en tu pareja, averigua lo que ocurre de manera amable y comprensiva. Podría ser tan sencillo como preguntar: "¿Tienes un mal día? ¿Puedo ayudarte?" o "¿Qué puedo hacer para mejorarlo?". Cuando conoces realmente a tu pareja, sabrás con exactitud en qué necesita ayuda y simplemente lo harás. Cuando se trata de un deber, simplemente lo haces, haciendo lo que sea necesario y sin quejarte.

ACCIÓN A SEGUIR
COMPROMISO
ES MOMENTO DE DEDICAR TIEMPO A TU PAREJA. POR UNA SEMANA, DEJA DE VER ESOS PARTIDOS Y HAZ QUE SE TRATE SOLO DE USTEDES DOS. SOLO UNA SEMANA.

Digamos que las finanzas son un problema tú manejas el dinero. Siéntate con tu pareja y resuélvanlo. Elabora una estrategia para reducir tu deuda. Esto puede significar tomar decisiones difíciles que requieran vender cosas esenciales para reducir el déficit o reducir los gastos corrientes como salir a comer fuera o tomar un café a diario. Recuerda que el objetivo es reducir el estrés.

La intimidad es fundamental en todas las relaciones y cuando falta, le suma estrés a la misma. ¿Estás tan ocupade y desconectade que has olvidado la última vez que tú y tú pareja se divirtieron mucho juntos? Si es así, entonces "Es tu trabajo" que se diviertan. Salir a ver películas, pasear, hacer picnics, jugar, viajar, tomarse de la mano, abrazarse, y reír juntos es la cura para sentirse normal.

Haz espacio en tu agenda para tu pareja. Tu relación con tu pareja está por encima de todas las demás prioridades y horarios. Celebra lo que tienen le une con le otre y comunícate de manera clara y respetuosa, porque los malentendidos son el origen de las tensiones.

Tomar decisiones importantes sin tu pareja siempre añadirá estrés. Esto significa que "Es tu trabajo" entender que necesitas asegurarte de que tu pareja está de acuerdo y que están en la misma página. Mantén a tu pareja siempre informada y comunícate siempre con amor y buenas intenciones.

Ser competente en tu trabajo significa decir la verdad y ser honeste con tu pareja, incluso cuando duela. Esto traerá menos estrés a la relación porque aporta honestidad y confianza a la pareja, lo que resulta en menos secretos y estrés.

TEMPERAMENTO

Controla tu subconsciente y deja de perder los estribos

Manejo del temperamento

**Si presionas demasiadas veces los
botones de tu pareja, puede que dejen de funcionar.**

Un mal genio puede ser tóxico para una relación. Le puede causar múltiples problemas a ambes. Si tienes mal humor y sueles explotar, gritar, lanzar cosas, amenazas o insultas a tu pareja, simplemente es lo peor que puedes hacer. Si tienes poca paciencia o pierdes el control fácilmente, puede convertirse en la norma de la vida cotidiana.

Tener mal genio no es saludable para nadie que esté a tu alrededor. Un mal genio se puede convertir en un mal hábito, y sin las habilidades apropiadas para el manejo de la ira, puede hacer que tu pareja y los miembros de tu familia tengan miedo de decir algo que pueda generar que pierdas el control. Si eres esa persona, te aseguro que los miembros de tu familia caminan sobre cáscaras de huevo a tu alrededor. También pueden sentir que no pueden estar en desacuerdo contigo o compartir cualquier cosa con la que no estés de acuerdo.

Muchas veces se hace referencia al mal carácter como algo negativo. Aunque representa un determinado estado de ánimo o de actitud (no necesariamente malo), cuando alguien dice "tienes mal genio", suele referirse a que no puedes controlar tus sentimientos. O bien tiendes a pelear y a enfadarte, incluso ante los más mínimos inconvenientes, o no eres lo suficientemente paciente con las personas que te rodean.

La realidad es que nadie necesita lanzar cosas o perder el control para ser escuchado. Perder el control es una mala programación. Si esto sucede, entonces está bien reconocerlo y decir: "Tú tienes razón, yo estoy equivocade".

PREGUNTAS PARA TI Y TU PAREJA

¿Alguno de nosotres tiene problemas de control? ¿Nos han dicho que no sabemos cuándo parar?

¿Nos lastimamos mutuamente con palabras durante una discusión?

¿Nos presionamos durante una discusión hasta perder el control?

¿Le decimos "Lo siento" a le otre?

¿A alguno de les dos le cuesta expresar otros sentimientos que no sean de enojo?

¿Creemos que discutimos de forma respetuosa y constructiva, o somos prepotentes le une con le otre?

¿Nos explicamos cosas que ya sabemos, sólo para hacer enojar a le otre?

¿Dejamos que le otre exprese sus puntos de vista durante una discusión? ¿Mostramos paciencia, comprensión y compasión incluso cuando no estamos de acuerdo?

¿Creemos que hablar más alto facilita que le otre nos entienda?

HERRAMIENTA PARA MANEJAR EL TEMPERAMENTO: CONTROLA TU VOZ INTERNA

Todo el mundo puede tener uno o dos días malos, pero ser agresivo con tu pareja, en especial si lo haces regularmente, afectará negativamente a tu relación. Cuando el enojo se convierte en mal genio, yo lo llamo el Síndrome del Parlanchín. Es cuando tu subconsciente se apodera de ti y no te permite olvidar o perdonar a tu pareja al punto en que te esfuerzas hasta perder el control.

Cuando pierdes el control de un momento a otro por temas de poca importancia, entonces se ha convertido en un mal hábito o en una mala programación, y es hora de controlar a tu voz interna.

ACCIÓN A SEGUIR
COMUNICACIÓN
HABLA CON TU PAREJA. ME REFIERO A HABLAR DE VERDAD-PONER LOS PROBLEMAS SOBRE LA MESA Y HABLARLOS PARA UN GANAR-GANAR.

¿Qué es un parlanchín? Este es el ejemplo más simple. Es cuando tu subconsciente te pone tan nerviose que tienes que explotar. ¿Alguna vez te han trancado en el tráfico? Me refiero a trancarte. ¿Qué ocurre después? Esa persona sigue feliz su camino. Pero tú pasas el día en una etapa de rabia interna que llevas como bandera de batalla.

Controlar a "Tu voz interna" es una forma de ponerla en un lugar en donde no te pueda dar cuerda. Aquí algunas formas de hacerlo, probadas y comprobadas. En primer lugar, cuenta hasta 10. Respira profundamente mientras lo haces y piensa en otra cosa para distraerte de esos sentimientos negativos. El parlanchín quiere aumentar tu respuesta de "lucha". Haz consciente esa voz subconsciente y podrás controlarla.

Si te sientes ansiose o enojade y tu voz interna no se detiene, aléjate de la situación. Tómate unos minutos para hacer ejercicio, dar un largo paseo o meditar. Haz lo que sea apropiado en ese momento para liberar la energía negativa. Luego, cuando te hayas calmado, háblalo con tu pareja. Di lo que te molesta sin perder el control, y sé razonable.

Entonces y sólo entonces podrás estar en un lugar de fuerza y paz para hablar con tu pareja sobre el resto de su vida juntos. Sólo cuando puedas controlar tu subconsciente podrás razonar con tu pareja. Podrán abordar temas complejos como pareja y decidir una línea de acción sin remordimientos.

Si hay adicciones de por medio, y están en una discusión acalorada, comprende que es casi imposible tomar decisiones razonables, incluyendo mantener a raya al parlanchín. Es una situación mala e injusta para la pareja. El daño que se hace en estas situaciones puede ser irreversible. Más adelante tendrán que mantener una conversación. En el momento, anota o graba tus pensamientos para poder revisarlos cuando estés calmade. Te dará una salida al momento.

Recuerda que no es sensato ni práctico pelear por cada diferencia que tengan. Puede que ganes la discusión, pero a la larga la relación se debilita. Permite que la energía negativa se enfríe para establecer una discusión más racional.

No te enfoques en intentar cambiar a tu pareja. No puedes hacerlo. Sin embargo, puedes influir en tu pareja y mostrarle los beneficios de tu posición. Puedes influir creando un entorno positivo que favorezca la cooperación en lugar de ser controlado por ti.

A veces es necesario entender qué es lo que te molesta. Quizás ni siquiera sea el tema por el que estás peleando. Si te das cuenta que todo el tiempo pierdes el control por temas sin importancia, es hora de apagar al parlanchín, ya que ha hecho suficiente daño. Está bien dejarlo pasar.

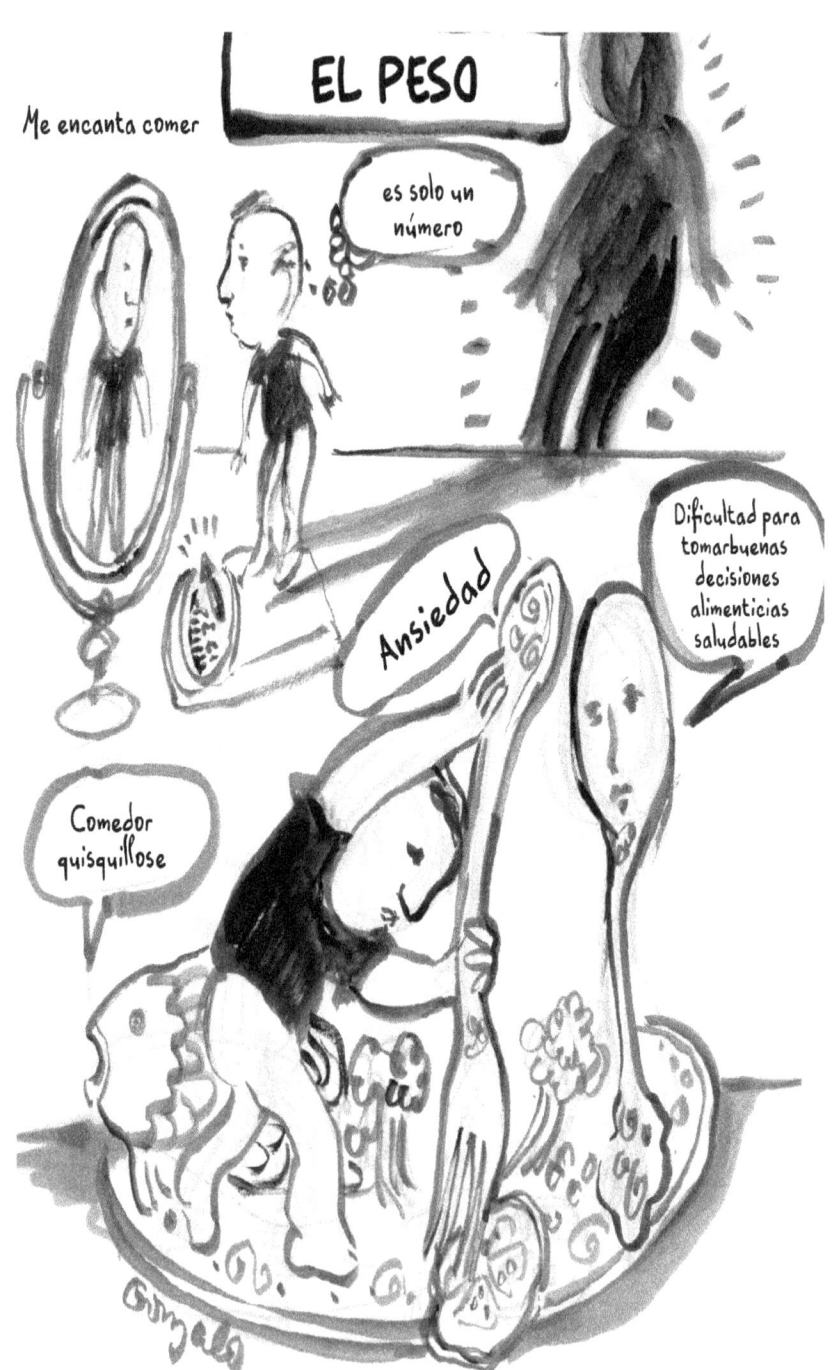

Control del peso

Tu pareja no puede cambiarte.
Pero tú puedes cambiar porque amas a tu pareja.

Para muchas personas es difícil que les guste su cuerpo y mantenerse en forma. Puede que tengas sobrepeso o estés por debajo del peso apropiado. Puede que estés obsesionade con tu cara u otra parte de tu cuerpo. Las personas ven cómo su cuerpo pasa por muchas transiciones, y por donde mires hay gente delgada más joven y guapa, devorando helados y donas mientras tú luchas contra el aumento de peso sólo por comer una galleta de arroz. La vida es simplemente injusta.

¿Tienes una pareja que lucha con problemas de peso a la que criticas o le sueltas frases ocasionalmente porque quieres que se vea diferente, y estás descontente con su aspecto, ya sea con sobrepeso o con bajo peso? Esa no es la manera de conseguir una pareja más saludable.

Si tu pareja es consciente de su sobrepeso, es posible que no quiera que le mires cuando se desnuda o con las luces encendidas. La imagen corporal es una parte integral de la composición psicológica de cualquier persona. Cuando la autoestima de tu pareja es baja, le puede ser difícil aceptar cumplidos o incluso sentirse en confianza a tu lado.

Los problemas de peso son personales, y cada persona los maneja de forma diferente. Hay mucha gente descontenta con su aspecto, hasta el punto en que se convierte en algo obsesivo y poco saludable.

Las conversaciones sobre el peso pueden traspasar fronteras. Si esto sucede, está bien reconocerlo y decir: "Tú tienes razón, yo estoy equivocade".

PREGUNTAS PARA TI Y TU PAREJA

¿Aceptamos el cuerpo de le otre tal y como es?

¿Vemos el peso actual de le otre como un problema que hay que resolver?

¿Nos damos cuenta y comentamos cuando nos vemos ganar o perder peso? ¿Sabemos si a le otre le gusta oír esas cosas?

¿Elegimos opciones de alimentos que sean saludables para ambes?

¿Alguno de les dos lleva comida chatarra a casa cuando le otre está intentando perder peso?

¿Sabemos cómo le otre quisiera ser animade y apoyade en torno a nuestra imagen corporal?

¿Nos ayudamos a sentirnos bien con nosotres mismes?

¿Intentamos controlar lo que le otre come?

¿Alguno de les dos exige que le otre reciba ayuda con sus problemas corporales o de peso?

¿Alguna le insinuamos a le otre que debería hacer más ejercicio?

¿Conversamos sin juzgar las dificultades de le otre para perder o ganar peso?

HERRAMIENTA PARA CONTROLAR EL PESO: ES SOLO UN NÚMERO

La realidad es que el peso es un problema para muchos. La pregunta es: ¿enloqueces a tu pareja por eso? Si es así, adopta este enfoque: Es sólo un número, que puede subir y bajar. Si su peso le molesta, come mejor y haz ejercicio. Pero si el peso de tu pareja te molesta, tienes que dejar que lo afronte a su manera.

Solo puedes apoyar si te lo pide, y preguntarle qué tipo de apoyo le ayudaría en lugar de perjudicar. De lo contrario, no tienes nada que decir y no debes hacer ningún comentario en un sentido u otro. Es una invasión y cruza los límites. No hay absolutamente nada bueno que pueda salir de ello.

Si el peso de tu pareja te molesta, lo peor que puedes hacer es presionarle para que pierda o gane peso. Sólo añadirás estrés a tu pareja y a la relación. Usualmente obtienes la reacción contraria a la deseada. Espera a que tu pareja se rebele o se cierre. Cuando tu pareja esté dispueste a ser saludable, será la única que pueda hacerlo realidad. El apoyo positivo es la única forma de abordarlo. La mentalidad que hay que utilizar es la de "Es sólo un número". Eso significa que debes dejar que tu pareja lo haga en sus términos y plazos, con tu apoyo gentil.

ACCIÓN A SEGUIR
TOMAR BUENAS DECISIONES
SI TU PAREJA NECESITA QUE LA ANIMES, CAMINA A SU LADO. HAZ EJERCICIO CON ELLE. COME SALUDABLE CON ELLE. ḤAGAN LOS CAMBIOS JUNTOS. ESO ES UNA RELACIÓN.

El secreto de un estilo de vida saludable es dominar tu fuerza de voluntad. Cuando tienes el control, la fuerza de voluntad es la clave para tomar las decisiones correctas. Cuando no la tienes, puede ser tu peor enemigo. Por ejemplo, te propones comer de forma saludable, pero luego te ves abrumade por el trabajo y los problemas familiares. Tu fuerza de voluntad está en su punto más bajo, y te encuentras devorándote un galón de helado. Si alguien intenta detenerte, lo único que puedo decir es "buena suerte". Comprende que la fuerza de voluntad tiene altas y bajas, y es imposible maximizarla en cada momento del día. Sólo tienes que ser consciente de ello.

Si tu pareja se está esforzando activamente por comer más sano y hacer ejercicio pero no ve resultados, hacer comentarios positivos como "te ves increíble" o "me enorgulleces" marca la diferencia. Cualquier comentario negativo le apagará y perderá la motivación.

Cuando tu pareja esté haciendo ese esfuerzo, no lleves comida chatarra a casa. Si sabes que enloquece por las donas, llevar a casa una docena para desayunar es simplemente egoísta. Si tu pareja se esfuerza por probar recetas o alimentos más saludables que no siempre funcionan, alégrate de ello. Y si necesita que le ayudes con los platos o que cuides de les niñes para poder ir a hacer ejercicio, hazlo.

Mantenerse saludable es un trabajo para toda la vida. Nunca termina. Habrá días buenos y malos. Habrá atracones y luego jugos. No pasa nada, porque "Sólo es un número", y puede subir o bajar. Y antes de que se te ocurra criticar a tu pareja, mírate bien en el espejo y observa cómo luces tú. No tires la primera piedra.

La realidad es que cuando tu pareja sienta que luce bien, también se sentirá bien consigo misme. Es una situación en la que todos ganan. Si puedes encontrar la belleza interior y hacerle sentir belle todo el tiempo, habrás dominado el "Es sólo un número". Ama a tu pareja por lo que es, no por lo que dice la balanza. Sabrás que has tenido éxito cuando tu pareja pueda desnudarse delante de ti con las luces encendidas. Esa es la meta.

194

Capítulo 10:
Herramientas diarias para la confianza en la relación

MANTENIENDO LÍMITES PIENSA ANTES DE ACTUAR

Antes de coquetear con le chique que sigue mirándote, piensa en los caminos que estás a punto de emprender.

Mantener los límites

No es la falta de amor sino la falta de confianza
lo que crea una pareja infeliz.

¿Cuándo has tenido suficiente infelicidad para empezar a poner el amor y la integridad con tu pareja en primer lugar, para que pueda haber una confianza del 100%? ¿Cuándo has tenido suficiente con mentir para estar dispueste a ser honeste, aunque no te guste la respuesta? ¿Cuándo has tenido suficiente estrés para empezar a mantener tu palabra sin excusas? ¿Cuándo has tenido suficiente culpa para empezar a ser honeste contigo misme y dejar de culpar a tu pareja por una relación miserable? ¿Cuándo has tenido suficiente de todo eso para adueñarte del futuro de tu relación y, lo más importante, cambiarlo para mejor?

Los límites son esenciales para una relación sana. Establecen con qué te sientes cómode y cómo quieres que te trate tu pareja. Ya has visto que los límites desempeñan un papel en casi todos los aspectos de una relación sana. Respeta los límites de tu pareja, ayúdale a respetar los tuyos y tendrás una vida feliz. Si los traspasas, sólo estarás haciendo la vida más difícil de lo necesario. Establecer y mantener los límites es una habilidad. Por desgracia, es una habilidad que muchos no aprenden.

Violar los límites afecta la confianza de la pareja. Esa violación viene en muchas formas, como no respetar el espacio de una persona, su familia, sus amigues, su intimidad, sus finanzas, sus creencias, su estado de salud, entre otras aspectos. Muchas parejas nunca han discutido o reconocido abiertamente los problemas de límites del otro. Pero si no sabes cómo se siente tu pareja con respecto a los límites, realmente no la conoces.

Si intentas cambiar a tu pareja o utilizar a personas externas para resolver tus problemas, entonces has cruzado la línea. Si has utilizado amenazas o intimidación, entonces has cruzado la línea. Si te has aprovechado o le has hecho daño, has cruzado la línea.

Cuando tomas las cosas de tu pareja y las cambias de sitio porque no te gusta donde las deja, o le revisas el teléfono , el correo y los emails sin preguntar, has cruzado la línea. Si tomas una foto de tu pareja cuando no quiere que lo hagas o publicas comentarios o imágenes en las redes sociales sin su permiso, has cruzado la línea. Si comes de su plato sin preguntar u ocupas su sitio habitual en el sofá, has cruzado un límite.

Cruzar los límites es una señal de irrespeto. Si esto pasa, está bien reconocerlo y decir, "Tú tienes razón, yo estoy equivocade".

PREGUNTAS PARA TI Y TU PAREJA

¿Movemos las cosas de le otre por la casa porque creemos que sabemos más?

¿Nos sentimos alguna vez irrespetades por el otro por la forma en que se hacen las cosas en la casa "a mi manera o a la tuya, pero no a nuestra manera"?

¿Une o ambes sentimos que tenemos que tomar el control de la crianza de les niñes?

¿Uno o ambes interrumpe a le otre para corregir como está contando una historia o expresa una idea?

¿Alguno de les dos cree que les amigues de le otre no son buenos para elle y lo dice?

¿Alguno de nosotres piensa que le otre coquetea demasiado?

¿Creemos que le otre comparte demasiada información privada con sus amigues o en las redes sociales?

.

HERRAMIENTA PARA MANTENER LOS LÍMITES: PIENSA ANTES DE ACTUAR

Establecer límites es fundamental para una relación de pareja sana. La pregunta es: ¿crees que tienes una relación de pareja sana? ¿Se siente completamente cómoda tu pareja compartiendo todo contigo sabiendo que sus límites serán respetados, o crees que tu pareja te oculta cosas porque tienes un historial de compartir demasiado y violar sus límites? Si ese es el caso, ponte a "Pensar antes de actuar".

No importa el tiempo que tengan juntos, intenta mantener esa mentalidad fresca como si acabaras de conocer a tu pareja. Como si recién se conocieron, no tienes ni idea de sus límites ni de lo qué les motiva, y viceversa. Eso significa que tienes que comunicarte. No puedes dar por hecho que ya lo sabes. Este ejercicio demuestra amor y esperanza y que te importa la relación.

Empieza por tomar notas sobre tus límites: financieros, mentales, físicos, emocionales o sexuales. ¿Qué podría hacer tu pareja para hacerte sentir quebrantade? Pídele a tu pareja que haga su propia lista y luego muéstrenselas. ¿Estabas consciente de esos límites? ¿Sabías lo que se necesita para cruzar los límites de tu pareja? El objetivo es saber en qué pueden estar de acuerdo y en qué no. Otro paso para estar en sintonía.

ACCIÓN A SEGUIR
TOMAR BUENAS DECISIONES
PIENSA ANTES DE ACTUAR. SÍ, ESTÁ MAL MIRAR A OTRA PERSONA CON OJOS DE DESEO. ESO HIERE A TU PAREJA.

Ahora piensa en las veces que has cruzado estos límites y el impacto que tuvo en tu pareja. ¿Te disculpaste? ¿Fuiste respetuose? Si hiciste daño, ¿pudiste llegar a un compromiso o a una solución?

La segunda parte de "Piensa antes de actuar" consiste en hacerle saber a tu pareja que estás dispueste a ser une mejor compañere y que vas a mejorar en el respeto de sus límites. Una forma de hacerlo es recordar que, cuando comuniques tus sentimientos o ideologías, utilices el "nosotres" en lugar del "yo", y que nunca empieces con "tú siempre..." o "tú nunca...". Nunca pongas un ultimátum. No estás en una negociación con une enemigue. Siempre estás cortejando a tu pareja.

Las familias se amontonarán en los bordes de tu relación. Pon límites de hasta dónde pueden llegar. Es responsabilidad de cada miembro de la pareja establecer las reglas para los familiares y proteger al otro de ser el malo de la película. Si te sientes culpable con respecto a la familia y los límites, haz un reajuste.

Estas reglas son las mismas para les amigues. Establece límites mutuos con les amigues y respeta el espacio de le otre para tenerlos. Si le has impedido a tu pareja ver a sus amigues, es hora de determinar por qué estaba justificado y luego restablecer esos límites.

Cuando se trata de metas y sueños, nadie puede decirle a su pareja que no puede perseguir un sueño a menos que afecte a le otre, posiblemente cuando cueste dinero que no se tiene. Cuando esto ocurra, establezcan límites mutuos sobre qué tan lejos pueden llegar los gastos. Si su sueño no te afecta a ti, déjale soñar. Si le detienes porque crees que es una idea estúpida, entonces se ha cruzado un límite y es hora de reajustar.

Si tú y tu pareja nunca han establecido límites sexuales, puede que sea el momento de tocar este tema y ponerse de acuerdo. La regla aquí es que debes estar abierto a que tu pareja sea experimental si lo desea, en la medida en que sea seguro y en la que estén de acuerdo en los límites. Esta puede ser una conversación saludable, que garantice la felicidad de ambas partes.

Ya lo he mencionado antes, pero quiero volver a abordarlo: Una buena regla para establecer los límites del coqueteo en cualquiera de sus formas es que si puedes hacerlo delante de tu pareja, entonces está bien. Si te encuentras esperando a que tu pareja salga de la habitación primero, entonces la respuesta es no. Sea cual sea la excusa que estés poniendo en tu cabeza, sabes que has cruzado un límite.

Uno de los componentes más importantes para crear una relación de pareja feliz, sana y satisfactoria es convertirse en une maestre del respeto a los límites. Conviértete en ese sobresaliente.

ESTILO
DE VIDA

Ajuste de actitud

Ustedes son dos
Personas diferentes
El truco es que tú y
Tu pareja estén sincronizades.

Vivir el estilo de vida

**La vida es una zona de cascos...
siempre en construcción.**

La mayoría de las relaciones pueden pasar por una fase en la que se sienten estancadas. La pareja puede incluso llegar a un punto en el que se aman, pero ya no se sienten "enamorades". Esto puede ocurrir con el tiempo, ya que las personas cambian, crecen y se acostumbran la una a la otra. Cuando uno de les dos no está alineado o no tiene interés en el punto de vista de su pareja, se convierte en un problema.

Es habitual que la pareja tenga diferentes deseos, creencias o ideas sobre dónde vivir, cómo equilibrar el trabajo o gastar el dinero, cuánto viajar o permitirse rituales alimentarios, si tener o no hijes y cuántos. El objetivo es navegar juntos por este mundo. Cuando no se está en la misma sintonía y todo gira en torno al punto de vista de uno de los miembros de la pareja, le otre puede sentirse invisible o incluso traicionade. Ese miembro de la pareja sentirá una pérdida de identidad, de visión y de sueños, lo que romperá la relación.

El compañerismo, la compatibilidad, el amor real, la historia compartida y el conocimiento de la pareja por dentro y por fuera son las cosas que la gente valora en una relación de pareja. Cuando uno o más de estos componentes críticos cambian o faltan en la relación, es cuando comienza el problema, no necesariamente con un cambio en el estilo de vida.

Tal vez te hayas convertido en un teleadicto, mientras que a tu pareja le sigue gustando entretenerse y viajar. Tú sólo quieres relajarte. Tu pareja quiere acción. No es necesario que te guste o estés de acuerdo con todo lo que tu pareja quiere hacer, siempre y cuando puedan llegar a un acuerdo sobre estas diferencias y tener soluciones que las aborden. Pero no dejes que las diferencias creen un comportamiento negativo que transmita una actitud de superioridad o falta de respeto.

No dejes que las diferencias de estilos de vida creen desprecio. Si lo has hecho, está bien reconocerlo y decir: "Tú tienes razón, yo estoy equivocade".

PREGUNTAS PARA TI Y TU PAREJA

¿Nuestras visiones personales del mejor estilo de vida han cambiado? ¿Seguimos coincidiendo en lo que constituye una buena vida?

¿Nos gusta estar cerca de le otre?

¿Algune de nosotres evita pasar tiempo con le otre? ¿Estamos desconectades de cierto modo?

¿Uno de nosotres, o ambes, ha deseado alguna vez que le otre pudiera ser una versión de su yo del pasado?

¿Nos gusta más lo que fuimos juntes en el pasado que lo que somos ahora?

¿Cree alguno de nosotres que le otre ha renunciado a la relación, sin importarle si tenemos éxito o no?

¿Alguno de nosotres cree que le otre pasa demasiado tiempo aparte, porque no disfrutamos de las mismas cosas?

¿Seguimos divirtiéndonos juntes o solo nos divertimos cuando perseguimos nuestros propios intereses?

¿Creemos que estamos haciendo las elecciones correctas para hacer feliz a le otre?

¿Esperamos que le otre acepte nuestros cambios de estilo de vida?

¿Queremos compartir los cambios en el estilo de vida de le otre?

¿Conocemos nuestros puntos en común, aunque cada uno quiera experimentar la vida de forma diferente?

¿Nos queremos y amamos por lo que somos, aunque haya habido un cambio en las expectativas de estilo de vida?

HERRAMIENTA PARA VIVIR EL ESTILO DE VIDA: AJUSTE DE ACTITUD

Las relaciones más sólidas son aquellas en las que ambes miembros de la pareja pueden ser elles mismes y también respetarse mutuamente. Ya lo has oído antes: los polos opuestos se atraen, y con ello vienen dos tipos de personas diferentes, con dos formas distintas de ver la vida. Tú puedes ser introvertide y tu pareja puede ser extrovertide. Tú eres una persona fiestera, y tu pareja es un nerd. A ti te gusta viajar y tu pareja es una persona hogareña. ¿Cómo funciona esto en una pareja? Si tu estrategia es cambiar o controlar a tu pareja para que sea algo que no es, piénsalo de nuevo.

Aquí es donde entra en juego el "Ajuste de actitud". No intentes cambiar a tu pareja. Acepta lo que es, interésate por su punto de vista. No le avergüences con comentarios sobre sus elecciones de estilo de vida. Si odias la ropa que lleva tu pareja o lo que come, o cómo siempre habla con todo el mundo cuando está en público, date un tiempo para calmarte antes de decir algo. Mejor aún, no digas nada. Déjalo ser. Es su vida. Déjale ser elle misme, al menos contigo, y permítele tomar sus propias decisiones sin tus comentarios negativos.

Otro componente del "Ajuste de actitud" es centrarse en crear admiración por las diferencias de tu pareja. Encuentra algo en ellas para halagarlas. Haz cosas por tu pareja que le hagan saber que aceptas las diferencias, aunque no quieras adoptarla en tus propias acciones. Por ejemplo, si a tu pareja le encanta ordenar papas fritas y tú crees que los alimentos fritos te matarán, pídeselas. ¡Tú no tienes que comerlas! Ah, y no hagas comentarios a menos que sean positivos.

ACCIÓN A SEGUIR
ACUERDOS
DA UN PASO ATRÁS Y EVALÚA CÓMO ABORDAS LOS PROBLEMAS CON TU PAREJA. LA PRÓXIMA VEZ QUE TERMINES EN UNA DISCUSIÓN, HAZ UNA PAUSA, LLEGA A UN ACUERDO Y DÉJALO PASAR

El "Ajuste de actitud" pone en jaque tus emociones y dice: "No soy mejor que tú", "No intento controlarte" y "No intento cambiarte". Dice: "Te amo como eres". Si tienes un problema con los comportamientos molestos porque ocurren demasiado, cambia eso comunicándote con calma toda la información necesaria para tomar mejores decisiones, y luego déjalo solo.

Mi pareja tiene un dicho: "Haz primero tu elección, luego yo haré la mía". Yo tomo la mía, pero también la reconsidero a la luz de la de mi pareja. La realidad es que si mi pareja se siente incómode con lo que estoy haciendo, tiene derecho a ese sentimiento. Es mi trabajo, como excelente compañere, respetarle. Así que reconsidero mi elección y me pregunto si es tan importante para mí. En la mayoría de los casos, la respuesta es no, así que paso. Cuando eliges bien tus batallas, ganas.

CUESTIONAR

PIÉNSALO,
NO LO DIGAS

Dejar de cuestionar

**Si hice algo bien en mi vida,
fue elegirte a ti.**

¿Cuestionas las decisiones y elecciones diarias de tu pareja? Esto indica falta de confianza y problemas de control que pueden poner a la pareja a la defensiva. ¿Cuestionas la forma en que tu pareja maneja ciertas situaciones? ¿Expresas tu opinión diferente pero ves cómo tu pareja lo hace a su manera?

Nunca subestimes lo mucho que influye la confianza al cuestionar la decisión de tu pareja. Tener confianza en tu pareja y en tu relación permite que crezcan otras cosas en tu relación. Sin ella, es completamente natural perder la fe en tu pareja y no proporcionarle apoyo emocional cuando lo necesita.

A la hora de tomar decisiones sólidas con tu pareja, es fundamental evitar excluirse mutuamente. ¿Qué opciones hay sobre la mesa además del resultado que prefieres? ¿Qué resultado espera conseguir tu pareja? Todo ello debe abordarse antes de empezar a cuestionar a tu pareja.

No hablar de tus sentimientos o no involucrarte en la toma de decisiones puede llevar a tu pareja al resentimiento para tomar una decisión importante.

El suponer tiene que ver con la falta de compromiso. Si esto ocurre, está bien reconocerlo y decir: "Tú tienes razón, yo estoy equivocade".

PREGUNTAS PARA TI Y TU PAREJA

¿Nos cuestionamos a menudo?

Cuando nos cuestionamos le une a le otre, ¿ayuda a nuestra relación?

¿Nos cuestionamos porque no hablamos lo suficiente sobre las decisiones antes de tomarlas?

Cuando hacemos preguntas sobre cosas de las que no somos responsables, ¿parece que estamos metiendo las narices en los asuntos de le otre?

¿Creemos que cada uno de nosotres tiene derecho a opinar sobre el trabajo o los gustos de le otre?

¿Creemos que tenemos el derecho a opinar sobre la familia de le otre?

¿Uno de nosotres, o ambes, calla a le otre cuando es cuestionade?

¿Uno de les dos se siente heride cuando le otre cuestiona una decisión?

¿Alguno de les dos va demasiado lejos en su opinión sobre le otre?

HERRAMIENTA PARA DEJAR DE CUESTIONAR: PIÉNSALO, NO LO DIGAS

Cuando conoces a alguien tan bien, incluidos los defectos (todos los tenemos), las dudas se convierten en algo natural. Ocurre más de lo que queremos admitir. Es como tener información privilegiada sobre tu pareja, y a veces puede ser injusto. Cualquier cosa que digas o hagas será utilizada en tu contra en el tribunal de tu propia casa.

Piénsalo, no lo digas, dice que no hay decisiones equivocadas, porque siempre podemos corregir y hacer cambios. No te preocupes si tu pareja no toma la decisión que tú crees que es la mejor para la salud de la relación. Deja de cuestionar a tu pareja y trabaja para estar más alineade.

Adopta una estrategia de dar y recibir, permitiéndole a tu pareja tomar decisiones sin criticar, y haciendo lo mismo por ti. La única manera de que esto ocurra es mediante la comunicación y el compromiso. Deja que tu pareja lo haga a su manera, aunque no estés de acuerdo. Si lo piensas, no lo digas, puede que te sorprendan los resultados. Si no funcionó de la mejor manera, haz sugerencias para futuras situaciones y sigue adelante.

ACCIÓN A SEGUIR
COMUNICARSE
DEJA QUE TU PAREJA TOME LA SIGUIENTE DECISIÓN IMPORTANTE. DEJA QUE LA TOME SIN PREGUNTAS NI JUICIOS.

La vida puede ser más fácil si sabes por qué tu pareja toma las decisiones que toma. Lo único que tienes que hacer es preguntar. Hablarlo es la clave para estar de acuerdo o en desacuerdo con tu pareja sin críticas. La realidad es que, como pareja, deberían ser capaces de entenderse y apoyarse mutuamente sin discutir ni recurrir a nada parecido a cómo te atreves a cuestionar mis acciones. Esos malentendidos se derivan de la falta de comunicación. Cuando sacas conclusiones precipitadas sobre lo que crees saber y lo que piensa tu pareja, acabas en la miseria. No eres un lector de mentes. ¡Haz la pregunta!

Es importante recordar que el cambio es gradual. Después de tener estas conversaciones y llegar a un acuerdo sobre cómo tomar las decisiones juntes, tendrán una estrategia de dar y recibir, un excelente punto de partida. Permítanse mutuamente meter la pata y dejen de pensar que su compañere sigue tomando la decisión equivocada. No hay poder en eso. En su lugar, recuérdale a tu pareja que debe manejar las situaciones según lo acordado.

Una parte de "Piénsalo, no lo digas" consiste en recordar que puedes estar equivocade. Piensa que el hecho de dudar de tu pareja puede deberse a que no confías en ti misme. Alguna vez he pensado que mi pareja estaba muy equivocade en su proceso de pensamiento sobre una decisión específica, y que mi enfoque era el único correcto, pero cuando empecé a hacer las preguntas, el de mi pareja tenía sentido de una forma que no había considerado antes. No sabía cómo iba a manejarlo, pero decidí dar un paso atrás y seguir su sugerencia. Ahora tengo la costumbre de respetar las decisiones de mi pareja. Sólo tengo que dejarlo pasar y que elle lo lleve a cabo.

Pensar que uno tiene todas las respuestas y que nuestra manera es la única, es parte de la naturaleza humana. Pero a veces tu pareja puede tener una forma mejor. Supongamos que le permites tenerla. No le impongas tu opinión; déjate llevar por la suya. Si se equivoca, no le juzgues ni se lo restriegues en la cara como si tú nunca te hubieras equivocado. Acostúmbrate a implementar el hábito de "Piénsalo, no lo digas".

Pregúntate: Si tuviera que volver a hacerlo, ¿qué haría de forma diferente? Existe la gracia de decir simplemente: "Tú tienes razón, yo estoy equivocade".

MENTIRAS HONESTIDAD

Todos lo arruinamos, el problema es cuando no lo reconocemos y mentimos

gastar de más y esconderlo

Almorzaste con una antigua pareja pero no le dijiste a tu pareja actual

Cuidado con las mentiras piadosas

**Sé esa persona que arruina el lápiz labial
de tu pareja, no su rímel.**

Una mentira blanca se convierte en algo peligroso cuando se utiliza para quedar bien. Es difícil imaginar cómo una pequeña mentira se puede salir tanto de las manos, pero así es. El problema de la pequeña mentira blanca es que puede hacer que tu pareja empiece a pensar qué otras mentiras se le escaparon.

Una consecuencia de mentir es que a menudo se pasa por alto que se está violando la confianza de tu pareja. No es que no le hayan mentido en el pasado. Es que tú les has mentido. Se supone que eres la única persona en su vida con la que debería poder contar. Ahora se siente traicionade y enojade. Ahora que tiene los ojos bien abiertos, es humano que vuelva a visitar el pasado para ver qué más se ha perdido. En esta red de sospechas, no pueden evitar sentirse tontes, incluso humillades.

Comprende que tu pareja está pisando ahora temas de traición por todas partes. La mentira y la confianza no pueden coexistir fácilmente. La mentira acabará por destruir la confianza.

La primera vez que tu pareja descubre una mentira piadosa, no es difícil entender que cuestionará todo lo que digas o hagas hasta que se recupere la confianza. ¿Cuándo vuelves a casa? ¿A dónde has ido? ¿Con quién estuviste? ¿Qué has hecho? Puede que incluso le sorprendas mirando tus mensajes de texto o correos electrónicos cuando no estés cerca. Tienes que entender que has perdido tu privacidad, porque te pillaron mintiendo. No tienes que culpar a nadie más que a ti.

Cuanto más mientas, más se protegerá tu pareja. Añadirá otro ladrillo a ese muro hasta que no haya forma de que lo atravieses, lo subas o rodees.

**Las mentiras piadosas pueden levantar muros entre la pareja. Si esto
ocurre, está bien reconocerlo y decir: "Tú tienes razón,
yo estoy equivocade".**

PREGUNTAS PARA TI Y TU PAREJA

¿Nos mentimos alguna vez para evitar desacuerdos o conflictos?

¿Alguna vez decimos mentiras piadosas para no herir los sentimientos del otro? ¿Cuándo está bien?

¿Alguna vez uno de nosotres, o les dos, miente porque cree tener los mejores intereses para le otre?

¿Nos mentimos alguna vez para proteger a le otre? ¿Cuándo está bien?

¿Alguna vez uno o ambes mentimos porque nos avergonzamos de algo que hemos hecho?

¿Alguna vez uno de nosotres miente porque no quiere explicar o justificar sus acciones?

¿Alguna vez mentimos porque es más fácil que decir la verdad?

¿Mentimos alguna vez para mantener el control?

¿Mentimos alguna vez para no decepcionar a le otre?

¿Nuestras mentiras piadosas se convierten en mentiras más serias?

¿Creen los demás que uno o les dos estamos mintiendo cuando no es así?

¿Miente uno de les dos, o ambes, incluso cuando queremos decir la verdad?

HERRAMIENTA PARA TENER CUIDADO CON LAS MENTIRAS PIADOSAS: HONESTIDAD

¡Oh! Esa inofensiva mentirita piadosa. Mentir está en nuestro ADN. Ya sabes, esas pequeñas que dominamos de niños para conseguir lo que queríamos y que nunca se nos negara.

Cuando tu madre te decía que podías salir a jugar después de hacer la tarea, tú le respondías: "¡Mi tarea está hecha!". Y no lo estaban. Luego nos hicimos mayores y ahorramos el dinero sobrante para apostar en un partido, aunque le dijiste a tu pareja que ya no jugabas. "He dejado de fumar, ¡este es mi último cigarrillo!", lo dices y lo dices en serio, hasta que acabas teniendo un día estresante, sacando tu fuerza de voluntad por la ventana junto con tu promesa. Es entonces cuando necesitas poner un poco de "Honestidad".

La honestidad como habilidad dice dos cosas: haz lo que dices que vas a hacer y no te comprometas con algo que no estás dispueste a hacer. No dice que tengas que revelar todos tus pensamientos personales. Puedes ser reservade acerca de tus pensamientos, pero no con las acciones que afectan a tu relación.

ACCIÓN A SEGUIR
HAZ LA PREGUNTA
¿PODRÍAS SER TÚ MISME? LA PRÓXIMA VEZ QUE NO QUIERAS LIDIAR CON LA MIERDA, SIMPLEMENTE SÉ HONESTE CON LA MENTIRA BLANCA Y DEJA QUE VIVA LA INTEGRIDAD.

¿Sabes cómo saber cuándo has cruzado una línea? Es cuando justificas tus mentiras y te encuentras llegando a extremos para mantenerlas en secreto. Incluso puedes sentir que está mal lo que estás haciendo.

Cuando llegas tarde al trabajo regularmente, ¿adivina qué pasa? Te despiden porque no pueden contar contigo. Lo mismo ocurre cuando te regañan porque le dijiste a tu pareja que llegarías a una hora determinada y llegas tarde. ¿Por qué? Porque no puede confiar ni contar contigo. Ya lo has oído antes. Tu pareja ha dicho que no puede confiar en ti porque...

La diplomacia no es una mentira blanca. Está bien responder a preguntas personales para proteger el bienestar de tu pareja con diplomacia. Digamos que tu pareja te pregunta cómo luce justo antes de subir al escenario para dar un discurso. No importa que le digas: "Estás increíble", porque decir otra cosa podría sabotear su desempeño. Puedes decirle cómo ajustar su atuendo más tarde, pero la mentira blanca fue importante para su bienestar. Por lo tanto, utiliza la "Honestidad" con discreción. Elles saben cuándo los estás protegiendo y que tienes sus mejores intereses en mente. Puedes ser honeste de forma amable.

Cuando mientes, tu nivel de estrés aumenta. Te sientes menos cuando mientes. La deshonestidad te impide ser tú misme.

Solución definitiva:
Tú tienes razón, yo estoy equivocade.

En cualquier situación en la que te encuentres luchando por recuperar a tu pareja, siempre puedes acudir a la solución definitiva: Tú tienes razón, yo estoy equivocade. Está diseñado para que tu pareja sepa que te sientes mal por no haber estado en la misma página con elle y que estás dispueste a intentar mejorarlo. La realidad es que se necesitan dos para que una relación funcione, y tu pareja lo entiende. Pero venir con una oferta de paz nunca está de más, y decir "tienes razón, yo estoy equivocade" es la ofrenda.

Si cometes un error, asume la responsabilidad y el error sin echar la culpa. No intentes ocultar tus errores o fingir que nunca ocurrieron. Aunque el pasado no puede cambiarse, los errores futuros pueden evitarse. Se trata de aprender de los errores. Reconócelo y di: "Tú tienes razón, yo estoy equivocade"

Al principio, los errores no perjudican a la relación. Se convierten en un problema cuando no los reconoces o te pones a la defensiva y los justificas. Estos comportamientos crean hostilidad y falta de confianza. Si estás preparade para reconstruir la relación de pareja, di "Tú tienes razón, yo estoy equivocade" y deja que comience el proceso de curación.

ACCIÓN A SEGUIR
TÚ TIENES RAZÓN, YO ESTOY EQUIVOCADE
REFLEXIONA SOBRE LAS MALAS DECISIONES QUE LLEVARON ESTA RELACIÓN A DONDE ESTÁ. ES EL MOMENTO DE ASUMIRLO Y MIRAR A TU PAREJA Y DECIR "TÚ TIENES RAZÓN, YO ESTOY EQUIVOCADE

POR NO ESTAR EN LA MISMA PÁGINA. PERO AHORA CAMBIARÁ".

Asume esta habilidad y comprende que tienes el poder de cambiar el curso de una relación fallida. Puedes tomar la decisión de vivir en una pareja feliz. ¿Realmente quieres vivir en una casa con una pareja que está enfadade y no te habla? ¿Quieres pasarte los días enojade, cruzando al viento y actuando como si el otro no existiera? Tú sabes y yo sé que esto apesta.

Así que sé la persona más grande aquí y dilo: "Tú tienes razón, yo estoy equivocade" y discúlpate por no estar en la misma página. A continuación, replantea tus acciones pasadas y deja que tus nuevas elecciones den vida a esas palabras. Utiliza las habilidades y conocimientos de este libro y restablece tu relación. La ventaja es que recuperarás tu vida y el amor de tu vida. Primero, último y siempre: EL AMOR GANA.

EXTRA

Palabras que nunca debes decir a tu pareja
"¿Estás loque?"
"¿Llevas "eso" puesto?"
"¡Cálmate!"
"No te enojes. ¡Sólo estaba bromeando!"
"No te lo tomes a mal, pero..."
"¡Supéralo!"
"¡Dame espacio!"
"¡Apúrate!"
"¡Te odio!"
"Me da igual".
"Te lo dije…"
¡Si no te gusta, vete!"
"Lo haré más tarde".
"Estoy harte".
"¡No es asunto tuyo!"
"¡Es tu culpa!"
"Luces cansade".
"Necesitas ponerte a dieta".
"Nunca me dejas hacer lo que quiero".
"Me recuerdas a mi madre"
"Deberías haber pedido ayuda".
"No lo entenderías".
"Eres irritante".
"Haces demasiadas preguntas".
"¡Estás siendo ridicule!"
"No me estás escuchando".
"Te equivocas".
"Relájate"
"¡Cállate!"
"¡Deja de llorar!"
"¡Deja de insistir!"
"¡Deja de hablar!"
"Ese no es mi trabajo".
"¿Qué hiciste todo el día?"
"¿Qué pasa ahora?"
"¿Por qué te asustas?"

Palabras que deberías decir más a menudo a tu pareja
"Te amo".
"Te extraño".
"Te necesito".
"Lo siento".
"Confío en ti".
"Me encanta estar contigo".
"Me encanta cómo me cuidas".
"Me encanta besarte".
"Me encanta nuestro camino juntos".
"Me encanta la vida que hemos creado juntos".
"Me encanta la forma en que te manejas".
"Creo que eres simplemente belle".
"Lo volvería a hacer".
"Yo lavaré los platos".
"¡Estoy loco por ti!"
"Estoy feliz contigo"
"Me alegro mucho de que estés en mi vida".
"Estoy tan enamorade de ti".
"Estoy orgulloso de ti"
"Yo me encargo".
"Te tengo a ti".
"Lo eres todo para mí".
"Tú sacas lo mejor de mí".
"Tú puedes".
"¡Te ves genial!"
"Haces que la vida sea fácil".
"Me haces querer ser mejor persona".
"Eres brillante".
"¡Eres genial!"
"Eres mi mejor amigue"
"Eres tan belle"
"¡Eres le MEJOR!"
"Eres lo mejor que me ha pasado".
"Estás en lo cierto"
"¿Qué opinas?"

¿Listes para más?

Obtén 16 herramientas adicionales en el cuaderno de trabajo en línea
www.Tienesrazonestoyequivocada.es

BALANCE
Familia: La pareja es lo primero
Salud: Hazte cargo
Los niños: ¡Oh, Dios mío!
Desahogarse: Diez minutos

IGUALDAD
Evitar el conflicto: Un campo de juego nivelado
Falta de respeto: Por qué
Tener voz: Sólo escucha
Egoísmo: Nosotres

SEGURIDAD
Finanzas: Comportamiento cooperativo
Celos: Es un error
Manipulación: No lo hagas
Apoyo: Afirmar

CONFIANZA
Integridad: Mantenerse fiel
Intimidad: Pasión
Dinámica de la relación: Asumir la responsabilidad
Tecnología: Libro abierto

Aprende más sobre los problemas de EQUIPAJE y obtén 16 herramientas en el cuaderno de trabajo en línea:
www.youarerightimwrong.com

Los equipajes son esos asuntos complicados que todos llevamos. Son los que no tienen una solución fácil, pero no se pueden ignorar. Cuanto más se elimine el equipaje, más sana será la relación de pareja. En línea hay 16 herramientas que te ayudarán a eliminar el equipaje que amenaza la fortaleza de tu relación.

BALANCE

Adicción: Fuerza de voluntad
Depresión: Es real
Trauma: Te tengo
Deseos vs. Necesidades: Poner Esto en Orden

IGUALDAD

Codependencia: Mala programación
Compromiso: Identidad
Llevar el marcador: Trabajo en equipo
Resentimiento: Perdón

SEGURIDAD

Abuso: Estructuras
El perdón: No Presiones Sus Botones
Finanzas Ocultas: Infidelidad financiera
Autoestima: Expectativas

CONFIANZA

Abandono: Guantes de niño
Engaño: Duele
Doble Vida: ¿Qué carajo?
Desconectados Emocionalmente: Reinventir

Yo estoy equivocade, tú tienes razón

El siguiente código QR
Le llevará a la Plataforma en Línea

Cuando se registre en la Plataforma Online
Tendrá acceso a lo siguiente

Cuaderno de trabajo con herramientas adicionales
Lecciones, consejos y ejemplos
Consejos Motivacionales para Parejas

www.Tienesrazonestoyequivocada.es

Yo Estoy Equivocade, Tú Tienes Razón
Se trata de tomar decisiones diarias que estén alineadas con tu
pareja

Este libro trata de ayudarte a tener
Una gran vida y una relación increíble

SIEMPRE HAY
ESPERANZA
-GONZALO

www.ingramcontent.com/pod-product-compliance
Lightning Source LLC
Chambersburg PA
CBHW051145120626
46547CB00012B/944